新编幼儿园
互动式家长会实战

最新版

华东师范大学出版社
上海

图书在版编目（CIP）数据

图解幼儿园体验式家长会实战 / 匡欣著 . -- 上海：华东师范大学出版社，2017
ISBN 978-7-5675-6615-6
Ⅰ. 图… Ⅱ. 匡… Ⅲ. 幼儿园—家长会—图解 Ⅳ. ① G616-64
中国版本图书馆 CIP 数据核字 (2017) 第 158358 号

图解幼儿园体验式家长会实战

作　　者	匡　欣
策划编辑	沈　岚
审读编辑	李　莎
责任校对	胡　静
装帧设计	卢晓红

出版发行	华东师范大学出版社
社　　址	上海市中山北路 3663 号　邮　编　200062
网　　址	www.ecnupress.com.cn
电　　话	021-60821666　行政传真　021-62572105
客服电话	021-62865537
门市（邮购）电话	021-62869887
地　　址	上海市中山北路 3663 号华东师范大学校内先锋路口
网　　店	http://hdsdcbs.tmall.com

印 刷 者	上海盛通时代印刷有限公司
开　　本	787 毫米 × 1092 毫米　1/16
印　　张	16
字　　数	254 千字
版　　次	2017 年 8 月第 1 版
印　　次	2024 年 5 月第 8 次
书　　号	ISBN 978-7-5675-6615-6/G·10453
定　　价	98.00 元

出版人　王　焰

（如发现本版图书有印订质量问题，请寄回本社客服中心调换或电话 021-62865537 联系）

序

可贵之处在于"体验"

我和匡欣认识是在两年前,中国学前教育研究会"幼儿园课程与教学专业委员会"在深圳市召开课程研讨会时,我专程去深圳实验幼儿园观摩老师的半日活动。虽然只有几个小时的接触,但因为我的学生是该班家长,经过我学生的介绍及我的观摩,匡老师给我留下了深刻的印象:她对幼儿非常了解,能有针对性地引导个别幼儿融入班集体;她的家长工作尤为出色,建立了义工团队,与家长关系亲密无间,真正做到了家园共育。这本《图解幼儿园体验式家长会实战》就是她长期研究的成果。

我国现代儿童教育家陈鹤琴先生早在1927年就在《我们的主张》一文中提出:"儿童教育是幼稚园和家庭共同的责任。"如今"家园共育"已成为大众认同的理念。家庭和幼儿园是3-6岁幼儿的主要活动场所,在这两个场所获得的经验的延续性对幼儿的发展具有非常重要的意义。幼儿的成长不仅需要家庭和幼儿园有各自的延续性,还要求二者之间有连续性。这种连续性依赖于家园的相互尊重和信息交流:教师与家长分享园方的理论和实践,家长也与教师分享幼儿的需求、快乐和担忧。这些活动与手段有助于建立并维护幼儿的安全感,从而使他们的学习和日常生活具有一种连续性。这就是除了教师与家长的日常联系之外,幼儿园家长会存在的必要所在。传统的家长会往往成为教师向家长传授他们理论与实践的单行道,很难实现家园真正坦诚与密切的交流互动,不利于幼儿发展连续性的获得。匡欣试图改变传统的家长会模式,10年来她醉心于改革和创新,积极探索,作出了有益的尝试,如今瑰集成《图解幼儿园体验式家长会实战》一书,以飨读者。

这本书的可贵之处在于"体验"。匡欣是一位在一线滚打了27年的特级教师,学习与行动的能力很强,对幼教工作的体验和感悟颇深。作为广东省优秀教师和金牌讲师,她经常被全国各省市培训机构请去讲课,她讲课的特点也是注重"体验"和"实操"。她所讲的内容都是学员们深感困惑的问题,将理论与实践结合得非常紧密,用活生生的教学体验帮助学员解答困惑,所以学员们一听就懂、一看就会、一学就用、一做就成。她将这种教学体验引进到家长会模式中,以现代教育理念为他山之石,来攻家长会这块璞玉,让家长变倾听为体验、变客体为主体、变被动为主动、变单向为互动、变顾忌为坦诚、变困惑为释然,变提升家长为共同成长,将家园教育各自的延续性演变为二者之间的连续性,让幼儿、家长、教师都充满了幸福感和快乐感,接着用现代化的微信群来延续和巩固这种快乐、互动的家园环境。这是一种有效的教育创新。

这本书改变了传统的家长会上教师主动、家长被动的局面,创设了一种新型的家长会模式。书中通过不同年龄阶段的不同主题的体验式家长会实录、家长和同行教师的反馈札记,以及体验式家长会中家长义工团队的组织方式和作用的解析,介绍了匡欣独创的体验式教育法。这种教育法新颖奇妙,内含丰富的想象力、创造力、思考力、行动力,展示了家园文化"美美与共"的魅力,同时也反映了匡欣敏锐的洞察力与深刻的反思力。从新生入园到幼儿毕业,从小班、中班到大班,她抓住了幼儿成长每一阶段的核心需求,建立"特别关注小组",及时与家长进行前瞻性和策略性的教育互动,充分激发家长的潜能与动力,一起为幼儿的学习生活乃至一生幸福奠基。匡欣在尊重幼儿发展不同阶段的基础上,提出加强对"童年、节律、重复、安全感、连续性和分享性"的理解,并以此为原则共建家园互动的教育团队。这个团队中的教师和家长充满了对幼儿的尊重与爱,坦诚"碰撞",群策群力,携手合作,充分营造了"幼儿是有能力的学习者"的成长氛围。

这本书正是出于对幼儿成长阶段的洞悉而产生的经验结晶。"教无定法",各有创见,但我们可以从匡欣的做法中学习可分享的经验,获得初期的启迪,从而有利于自己的教育工作和幼儿的良好发展。

唐 淑

2013年金秋时节于南京师范大学

前言

2013年我撰写了《幼儿园体验式家长会》一书，得到了来自全国幼教同仁的厚爱，发行过万册。可以说，这本书不仅给一线教师就如何召开家长会带去便捷的操作方案，而且让他们豁然开朗：原来家长会可以这样开，而且可以开得如此精彩和别开生面。许多教师在一次又一次召开体验式家长会的过程中成长起来，养成了注重倾听家长心声的习惯，在倾听中不断反思自己的教育行为，在反思中迅速成长，在调整中寻找教育理念依据，在理论和实践中探索前行，在渐进式践行中获得家长的良好反馈乃至高度认可。这样的良性循环带给教师强烈的职业幸福感。同行们如此厚爱这本书，我倍感荣幸。

2014年2月，我撰写了2万余字的罗湖幼教调研报告、全区大型教研活动方案，经历了上公开课、评公开课、现场答辩等笔试与面试环节，并凭此招调进入罗湖区教育科学研究中心，由一名一线教师蜕变为区教研员，从肩负140个家庭到承载145所幼儿园，这在深圳幼教界是前所未有的。我内心不仅充满了幸福感也更充满了责任感，这次调动也让我有机会在更大的范围内实现我的梦想，包括让体验式家长会走向更广阔的空间。

在教研员这个岗位上，我每周平均要深入幼儿园4-6所，实地指导园长们用正确、科学的方法管理幼儿园的教育教学工作，有时还必须手把手地指导教师们学会创设幼儿园环境。在和教师们一起摆设玩具柜、桌子、椅子和创设各种区域时，教师们也常常谈到她们在运用《幼儿园体验式家长会》书中介绍的方法时，会有这样那样的困惑：如书中提到教师要有带动家长团队的意识和能力，但是由于自己的经验不足，不知道如何带领家长团队，又怕弄巧成拙惹出麻烦，导致无法收拾残局等，因此期待我能够继续分享经验。在寒暑假、双休日我外出为全国同行开设"幼儿园体验式家长会"专题讲座时，学员们也纷纷表达了同样的诉求。幼儿园一线的教育实践体验与各地应用过程中产生的社会反响,令我萌生了要完善《幼儿园体验式家长会》一书的意愿。

但是,分管145所幼儿园产生的教育教学工作量可想而知,工作日不可能有任何闲暇,休息日还要奔波为全国同行开设专题讲座,新版《图解幼儿园体验式家长会实战》的修改和写作便只能见缝插针了。从2015年的6月开始,飞机上、高铁上甚至地铁上都会有我打开随身携带的电脑凝神写作的身影,为此在地铁上坐过站也就成了家常便饭,乃至我的父母亲朋也觉得我在搏命,其实我是在及时吸收营养享受自己的成果。

在新版的《图解幼儿园体验式家长会实战》一书中,我修改和完善了所有的家长会案例,还增加了几个广东省中小学新一轮"百千万人才培养工程"科研专题项目"幼儿园体验式家长会的实践探索"课题组成员的案例,这些案例可能并不十分成熟,她们大多是90后的新手教师,在近两年的课题研究中,她们好学、肯干、踏实、敢于尝试,因此本课题在2016年6月30日的结题会中获得深圳三位资深专家的一致好评,"这是我看到幼儿园课题中最棒的课题之一,无论是创新性、挑战性、实践型、研究性,还是其成果,都是非常有水平和珍贵的"!面对专家的高度评价,课题组成员异常兴奋,也更加坚定了要多开展课题研究的信念。

书中也增加了在留守儿童居多的幼儿园开展家长会的设计,起因是在2016年5月的一场面对全国幼教同行的培训班上,我作了一天关于体验式家长会的专题讲座。当时,一位教师举手站起来问:"匡老师,想请教您,我们是乡村幼儿园,绝大多数学生都是留守儿童。我们该怎样开家长会呢?"顿时,我对这位乡村幼儿园教师的敬意油然而生。由于现场人多、时间较紧,当时仅给予了她一些粗浅的思考和方法。事后,我思潮澎湃,查阅资料、穷思琢磨,补充撰写了更为详细的案例。希望它能给予留守儿童较多的幼儿园教师们一些启迪和借鉴,期待教师能凝聚留守儿童家长们的力量,设法增加父母与留守儿童的交流、相聚与陪伴,让留守儿童的童年生活也能够得到更多的快乐,后续学习能够顺利平稳过渡,未来人生能够不留遗憾且温馨幸福。

除了体验式家长会的内容,书中还渗透了许多幼儿园一日生活的安排、组织和实施内容,因为它们是家园共育中不可或缺的一部分。

尽管我很努力地在写作,但是由于本人水平有限,书中难免仍存在错误、纰漏和不足之处,祈望得到各位领导、专家学者、同仁、家长等各方面的读者斧正。"体验式家长会"就像我的孩子一样,我陪伴着她慢慢成长,我希望她继续保持旺盛的生命力，能够迈进更多的幼儿园去吸收能量，也期待她能不断为一线教师带去可供借鉴的经验和营养，真正为家园共建持续散发着光和热。

匡　欣

2016年6月28日写于前往深圳机场的地铁上

目录

第一章
体验式家长会的起源

一、从"教练技术专业课程"经历说起 / 13
  （一）纠结的心情 / 13
  （二）"魔鬼式"的学习经历 / 14
  （三）什么是"体验式培训" / 18
  （四）什么是"教练技术专业课程" / 19
  （五）理解并运用"教练技术专业课程"中的四种教练能力 / 20

二、体验式家长会的创新 / 25
  （一）滋生改革传统家长会的念头 / 25
  （二）体验式家长会的概念与优势 / 27
  （三）确定和落实体验式家长会的主题 / 28
  （四）体验式家长会的流程 / 29
  （五）准备和召开体验式家长会的相关建议 / 34

第二章
小班体验式家长会案例

一、新生入园主题：沟通从心开始 / 39
  （一）家长会计划 / 39
  （二）家长会实战 / 40
  资料1　幼儿园一日活动安排及各环节教育价值（秋冬季）/ 49
  资料2　小班幼儿入园前情况调查表 / 54
  资料3　家长助教倡议书 / 57
  资料4　幼儿园的家长助教制度 / 59

二、小班上学期主题：我们是一家人 / 65
  （一）家长会计划 / 65
  （二）家长会实战 / 66
  资料1　家园联系卡模板 / 84
  资料2　家委会选举事项 / 86
  资料3　小班一日活动安排及各环节教育价值（春夏季）/ 88
  资料4　家园共育配合要点 / 92
  资料5　家园共育案例 / 96

三、小班下学期主题：家园因您而精彩 / 99
  （一）家长会计划 / 99
  （二）家长会实战 / 100

第三章
中班体验式家长会案例

一、中班上学期主题：一块地总有一粒种子适合 / 117
  （一）家长会计划 / 117
  （二）家长会实战 / 118

二、中班下学期主题：相遇是缘分，相知是福分 / 130
  （一）家长会计划 / 130
  （二）家长会实战 / 131

第四章
大班体验式家长会案例

一、大班上学期主题：陪孩子越走越好的是您 / 141

  （一）家长会计划 / 141

  （二）家长会实战 / 142

  资料 向家长介绍大班幼儿的年龄特点 / 154

二、大班上学期主题：带着憧憬健康地上小学 / 156

  （一）家长会计划 / 156

  （二）家长会实战 / 156

  资料 可供参考的讨论话题及家长交流情况 / 164

三、大班上学期主题：好习惯成就幸福人生 / 168

  （一）家长会计划 / 168

  （二）家长会实战 / 169

  资料 本班幼儿情况及本学期工作介绍 / 178

四、大班下学期主题：领袖之风采 / 180

  （一）家长会计划 / 180

  （二）家长会实战 / 181

五、大班下学期主题：感恩的心，感谢有您（毕业礼）/ 190

  （一）家长会计划 / 190

  （二）家长会实战 / 191

六、大班下学期主题：园庆路上让我们无限感恩 / 197

  （一）家长会计划 / 197

  （二）家长会实战 / 198

第五章
留守儿童居多幼儿园的主题家长会

一、设计意图 / 203

二、家长会计划 / 203

三、家长会实战 / 205

第六章
体验式家长会中的家长义工团队

一、家长义工团队 / 211

二、家长义工在体验式家长会中的作用 / 212

三、体验式家长会饱含着爱 / 214

第七章
体验式家长会实践手记

一、教师对体验式家长会的体会 / 219

二、家长对体验式家长会的体会 / 228

图解幼儿园体验式家长会实战

第一章

体验式家长会的起源

一、从"教练技术专业课程"经历说起

（一）纠结的心情

记得那是2006年春节，老友阿旭相约喝茶叙旧，虽然都住在这座城市里，但平时各忙各的事，这样相聚的机会一年到头也没几回，见面时自然聊得特别欢畅。老友阿旭告诉我，她和几个朋友在不久前合作成立了一家培训机构，引进了当下最流行的课程"教练技术专业课程"，好友阿莉、小红等都已报读这个课程。

阿旭说她去年在其他机构报读了这门课程，是体验式的培训，感觉这种培训方式对人的帮助很大，课程分三个阶段进行：第一阶段学费为6000余元，课时为一周时间，每天19:00-21:00；第二阶段学费为8000余元，课时为两周时间，每天的培训时间为19:00-21:00；第三阶段学费为11000余元，课时为13周，只在周末进行学习，每次课时为两个小时。在上课期间，如果有某个学员不能配合教练完成学习内容，当晚的课就会拖延到第二天凌晨才能结束。所有课程内容的实施都不是简单的你听我讲，而是学员与导师、教练之间的互动或学员之间的互动学习，创设了大量游戏环境让学员置身其中，亲身体验，非常注重学员间的分享交流。阿旭说这种学习方式不仅使她对正在面临的困惑豁然开朗，还更加清晰了自己的人生目标，同时她对这门培训的前景也非常看好。更让她庆幸的是，经过培训她看到了自己在教育儿子时存在的盲点，这门培训课程使她及时改正了不恰当的育儿方法，母子关系经此一直发展良好。我被这点深深吸引，因为我的孩子也正值青春期，关系一度比较紧张，如果报读这门课程可以改善母女关系的话，那就绝对值得。但是，我也纠结于自己的脸面太薄，特别害怕在众人面前被指责，毕竟我还是个专职的教育工作者。

在与老友阿旭的交谈中，我不仅了解到这门课程是什么，了解到这门课程能让学员获益甚至有巨大的改变，还感受到了阿旭迫切希望我能够报读这门课程的心愿及愿意为我承担这笔学费的意愿。但是，我家中上有年迈的父母，父母的身体时常出现这样那样的状况需要住院治疗，下有正在读高中的女儿，自己的工作也很忙，经常加班加点，真的是顾不过来，再加之这"魔鬼式"的上课时间，如果报名参加了这门课程就意味着我每天仅有4小时的睡眠时间，睡眠严重不足还要精神十足地投入到工作中去，可以预见身体将会处在一个极度透支的状态。我感觉没有办法做到工作和学习两不误，于是向阿旭表达了诚挚的谢意和纠结的心情，并表示将等到暑假再报名参加。

没过几天，这家培训机构的工作人员打来电话，说阿旭已经替我把学费给交了，恭喜我已成为"教练技术专业课程"HT4班的学员之一，班里学员人数达到70余人，学位很紧张，报这个班的有国企老总和金融、旅游等职业者，只有我一人是从事教育工作的，他们希望我以全新的自我投入到学习中去。放下电话，我把学费转给了阿旭，原本纠结的心又多了一份恐惧。

（二）"魔鬼式"的学习经历

让我意外的是，这"魔鬼式"的学习经历不仅没有击退我，反而使我的意志力更加坚强。第一阶段虽然仅有一周的学习时间，但是我每天下午近6点钟才能匆忙离开幼儿园，来不及吃一口盒饭，只能带上早晨剩下的馒头或包子乘坐出租车狂奔到学习地点。学习地点在另一块区域的酒店里，即使是这样马不停蹄地赶往目的地，也有几次险些迟到。

第一天是学员自我介绍，学员需要大胆地站在众人面前介绍自己，设法通过与众不同的自我介绍让同学快速记住自己，同时还要尽可能记住更多的同学，也就是在短时间里不仅要将自己"营销"出去，还要尽一分一秒的努力去记住同学的名字、外貌特征。当时我格外紧张，在几乎没有准备的情况下要脱口而出、出口成章还真是一个严峻的考验。当所有学员自我介绍完毕之后，导师开始带领大家统计"你记住了谁"，谁记得又多又牢固。在这个过程中，大家明白了一个道理：自我介绍本身好坏并不重要，关键是在介绍时是否充满自信，是否充满感染力，如果是，就容易被他人记住，这就是自我营销的策略和能力之一。这第一天的课程直到凌晨才结束。

第二天，学员们在导师的带领下，共同制定了学习期间的规章制度，如：任何时候不能迟到（迟到是没有任何理由的）、不得随意请假，如果不是遇到不可抗力的因素学员不可以中途退学等。不论学员职位与社会地位如何都将被一视同仁地对待，我们在导师的带领下还进行了庄严的宣誓。

第四天，我因为处理一件紧急工作而迟到了，被导师当众罚站整堂课，不给任何解释的机会，那一刻的羞愧是刻骨铭心的，从此以后"迟到行为"在我的生活中彻底消失。

第五天,导师带领学员剖析自己,逐渐敢于认识自己的另一面,尤其是每个人最丑陋的那一面。这一晚,我看到了自己身上一直以来忽略的盲点——喜欢舒适,害怕挑战。因此,一直以来做着自己熟悉的工作或事情,从不愿尝试着去更换和挑战,没有机会可以突破自己,甚至有了机会也会不假思索地放弃。在导师一针见血地剖析时,我感到全身不自在,试想一个30多岁的女人,在众人面前被"指责"、被"剖析"是何等的滋味?这一夜,我失眠了……如果不是因为当初宣过誓,我一定会毫不犹豫地退出课程,继续自己那份安逸的生活。

第二阶段共10天,在连续的集中学习过程中,安排了许多令人难忘的室内外体验式情景模拟游戏。我们会在双休日在户外进行极富挑战的训练项目,如针对个人或团队解决问题的行动,对肢体的挑战,拓展式的训练,仿真练习,组织练习;也有不同形式的分享环节,如有指引的冥想,有组织的互动等。令我特别难忘的是"跨断桥"项目,断桥耸立在一座山坡上,桥本身就有5米多高,桥面呈断裂状态,断裂长度有70厘米,桥面的宽度不足30厘米。虽然学员们身上都有保险装置,但每个人爬到桥面时还是两腿发软、心乱跳。我有"恐高症",深知上桥后会是怎样的状态,便苦苦哀求教练,可教练面无表情地对大家说:"你们每个人都上交过一份体检报告,报告结果显示每个学员都可以参加此项训练的。"就这样,全体学员你推我让、缓慢地动起来,有的学员不停地要上厕所,有的学员踏空断桥后被保险带悬在半空晃荡,有的学员相互紧抱,有的学员站在桥面上哭泣无法再向前跨出一步。我鼓足勇气、硬着头皮朝桥上爬去,越往上爬越害怕,待爬到晃动的桥面上时双膝不由自主地发抖,在教练和同学们持久的鼓励声中,我屏住呼吸、纵身一跃跨过断桥,走到桥的另一端后因后怕放声痛哭起来……随后,教练组织大家盘腿围坐成圈,轮流分享自己当下最真实的感受,每个学员都异常兴奋地讲述着自己成功和失败的体验。很多学员在这魔鬼式的训练中找到了自己的死党,双方无条件地互相帮助、彼此赞赏、共同进步。除此之外,每个学员还为自己制定了一套可行的领导力锻炼计划,这套计划将在导师、教练和死党的监督下按时保质地完成。

在第二阶段的课程中,导师发现我是个特别在乎外表的女人,每天要花费不少时间在化妆上,脸上的妆容总是一丝不苟。导师还发现阿龙同学是位颇具大男子主义的男人,阿燕同学是一位对生活缺乏热情、亦无主见的女人,阿军同学是位一本正经和固执的男人……于是,导师安排大家用一整天的时间,将自己的外表装扮成与原来形象相反的模样,即我被要求打扮成捡破烂的拾荒者,阿龙需要穿女装并露出大腿,阿燕同学要把自己打扮成贵妇人,阿军同学要戴上红领巾、扮成蜡笔小新的样子。天啊!装扮成这个模样对我来说意味着度日如年啊。这一天,我按照导师的要求,穿上费尽周折找来的破旧衣衫,将头发摆弄得凌乱如麻,面容因整晚的焦虑而显得憔悴不堪,这身打扮令我实在没有勇气走出家门,万一遇到熟人怎么办?门口保安看见了怎么办?正当我万般羞怯时导师打来电话,询问整整一天的体验进行到了哪个环节,我在电话这头泣不成声。导师在电话里耐心劝导了大约30分钟后,我低头朝住宅小区大门飞奔而去,但还是没能躲过门口保安人员的眼睛,他们被这一幕惊呆了,那一刻我真想打个地洞钻进去啊!导师的用意我非常明白,他想让我学会放松自己,就从忽略自己的外表开始,不要总是以一副几近"完美"的面孔出现。而我生来就是一个非常好面子的人,尤为注重外表与穿着,导师希望我学会偶尔让自己"随意"、"放肆"一下,体验另一种生活形态。

这一阶段的露营活动也令我记忆犹新。教练要求学员自行准备睡袋、电筒、帐篷、防蚊虫剂等露宿物品,在事前准备的过程中,学员们相互告知在哪家商店能买到物美价廉的用品。当学员们背着沉重的行囊前往目的地时,大家相互抢着帮弱者背重物,生怕累着了对方。这画面多么温馨与愉悦,我每每想起心里仍然是美滋滋的。

第三阶段的课程为期13周,时间都安排在周末。学员根据主题轮流提供自身案例供大家讨论、分享和学习,每位学员还要担任一次召集者,不仅要提供免费的学习场地,还要挨个通知每一位同学准时参加学习。第一周的任务是设定目标,学员根据自己的实际能力和水平设计可行的目标;第二周的任务是"九点领导力"之"感召",学员们要努力将正能量感召给亲人和朋友;第三周的任务是"九点领导力"之"承诺",学员相互分享自己在学习前期和学习中期对于"承诺"的理解和付诸的行动;第四周的任务是"九点领导力"之"负责任",学员间相互分析;第五周的任务是"九点领导力"之"信任与成果检视";第六周的任务是总结;第七周的任务是"九点领导力"之"共赢";第八周的任务是"九点领导力"之"激情";第九周的任务是"九点领导力"之"付出";第十周的任务是"九点领导力"之"可能性";第十一周的任务是"九点领导力"之"欣赏";第十二周的任务是成果检视;第十三周的任务是总结嘉许。

每次学习都有固定的程序:首先要用15分钟来总结上周领导力的应用情况,即学员分享上周所锻炼的领导力的应用及心得;其次要用25分钟时间讨论本周"九点领导力"的内涵,即每周案例学习前需阅读"九点领导力"的相关资料,并将对本周锻炼的领导力的理解写在笔记本上。在案例学习开始时互相分享及探讨;再次要用70分钟时间进行案例学习及互动,即本周案例提供者在分享之前选定一位学员作为其支持者,他俩用17分钟时间进行互动,其他学员避免进行干预,当互动的17分钟时间一到,无论支持者是否成功支持到对方都必须结束互动环节,此时其他学员可以开始给予案例提供者某种支持。待学员分享完毕,案例提供者要表述自己从中获得的启发;最后用5分钟时间进行教练案例学习反思,即学员就"九点领导力"和教练技术两个方面,就案例提供者和支持者身上所获得的启发予以分享。如:"在这个案中,你看到我的盲点是什么?我有哪些方面的心态需要改善?我如何运用调适领导力去创造更佳的效益?"小组成员通过询问支持和区分目前的情况,如"在你的处境中有哪些相关人物?他们有何想法?在这个案例中他们处于什么位置?你有何感受?你有什么资源可以利用?你对这些情况有何看法?你已经采取哪些行动"等。每个学员还要进行周总结和回顾,如:"学到了什么?自己对团队有什么贡献?对组员有哪些支持?需要迁善的是什么?该怎样运用到生活中去?"在这个阶段,我深刻领悟到"看待事物的态度不同,付出的行动也会不同;看法和信念有关,信念干扰着行动"。

就在整个课程即将结束的那个晚上,我被安排做第一大厨,负责晚会的晚宴部分。我带领着组内几位学员,根据教练的要求去超市购买了一大堆可供30人食用的熟食。从采购食品到晚会结束,我忙了近7个钟头。晚会开始了,我的角色又由大厨变为侍者,穿戴着全套标准的欧式侍者服装,不能吃东西、不能开口说话,直到这个角色扮演结束为止。其他同学则在另一间教室又唱又跳,跳累了随时可以到就餐处吃吃喝喝,我就是伺候他们的"丫鬟"。晚会进行到晚间8:30时,教练通知我可以换装结束这个工作了,但要准备进入新的角色。我正在幻想自己又将变成什么样的角色时,不知是谁将眼罩戴在我的眼睛上,搀扶着我向前行走一段后被示意坐下,接着有人帮忙脱去我的鞋子和袜子,双脚被轻轻泡入温暖的水中。眼罩被摘除的那一刻,教练柔情似水地看着我说:"在这三个阶段的学习中,有个人在改头换面,不仅放下了以前放不下的颜面,还脱去了沉重的盔甲。她为团队默默贡献自己的能量,并不高大的身躯在团队每个人心中日渐高大起来……现在,是她接受掌声的时刻,接受团队每个人的嘉许的时刻……"我再也忍不住,泪珠像雨水一样顺着脸颊滑下。原来,搀扶我行走是团队的队长,扶着我走过一条由全体同学用手电筒光芒照射出的"星光大道",帮我脱去鞋袜的是团队的导师,将我的双脚泡入玫瑰花瓣水中,为我洗脚的是教练。全班几十个学员,唯有我和杨大哥受到如此待遇和嘉许，感慨万千中我已泣不成声。

学习期间，大家得知杨大哥身患晚期癌症，他对未来没有希望，每日生活在病魔痛苦的折磨中。但是，当培训进行到中期时，他变了，变得更加坚强、豁达，脸上时时绽放笑容……虽然，杨大哥最终未能战胜可恶的病魔，他永远地离开了大家，但是，他那勇敢、乐于助人的高大形象永远驻留在大家的心中……难忘的不仅是一幅幅令人感动的画面，更多的是大家对忘我的奉献精神的肯定。最后这阶段的学习经历给我留下了永生难忘、别样滋味的回忆。

在一般的培训课程中，学员们也会有一定的激情，但兴奋期一过就容易回到培训前的状态。而这"魔鬼式"的"教练技术专业课程"却不同，它是典型的体验式培训，能让人即便是在课程结束多年以后，仍然津津乐道，仍然像放电影一样将经历过的事情一幕一幕地闪现在眼前。导师的谆谆教诲也时而警钟长鸣，教练始终像一面镜子时常伴随我左右，镜子虽然不会帮你穿衣服，但是镜子会告诉你衣服穿得怎样，然后你可以有一个选择。这就是体验式培训的有效之处。

（三）什么是"体验式培训"

体验式培训是个过程，是直接认知、欣然接受、尊重和运用当下或日后被教导的知识及能力的过程。它特别适合处理人生中重要的事件，它在尊重之下碰触人们深层的信念与态度，深植于内在的情绪、沉重的价值观、隐私中的软肋，或相当难熬的人性课题。要更加了解体验式培训，我们不妨先了解一下以往的教学方法——通常称之为传统式教学法。传统的教学法把学习者定位为听课者，整个学习过程中缺乏趣味性、实操性和互动性，它以学习结果——实际仅仅是死板的"成绩"检视为导向。这是一种被动的、机械的学习方式，主要挑战听课者的注意力、记忆力等学习能力。

体验式培训致力于一个不同于说教式传统教学法的教学训练，它把学习者定位为体验者和参与者，要求学习者在心态调整、欣赏他人、分享和交流、挑战自我等方面做积极准备，同时它对当下的学习环境有更高要求，更注重以学习过程、体验过程为检视导向。如，游泳学习者仅靠一本游泳书或听几堂游泳讲座是很难掌握游泳技巧的，需要进入游泳池里，亲自摸索才能逐渐学会游泳。如果有专业教练的指引，游泳学习者不仅动作标准而且学得更快。学习者一旦学会游泳，深谙其技且终身不忘。游泳池和教练就是不可或缺的环境条件。

同时，体验式培训是行之有效、富有魅力、影响深远的培训方式。在20世纪的德国，在没有多少人怀疑捧读教科书和课堂授课的教学模式时出现的。曾在牛津受教的教师科翰（Kurt Hahn）忽然向自己发问：有没有更好的方式让教育更丰富？科翰希望建立一所学校，以"做中学"的方式来实践他的教育思想。可是，因为他的教育思想与纳粹主义相冲突，犹太裔出生的科翰不得不流亡到英国的苏格兰。二战期间的英国战火纷飞，大西洋商务船队屡遭德国人袭击，许多英国年轻海员因为缺乏临战经验而葬身海底，逃生回来的不一定是身强力壮的，但都是意志力特别坚强、求生欲望特别强的人，这些人有丰富的生存经验，有很多不一样的品质，包括团队的协调和配合。科翰在这里找到了用武之地。科翰和其他人创办了高登斯顿学校（Gordonstoun School），培训年轻海员在海上的生存能力和船触礁后的生存技巧，明显提高了海员的生存率。战争结束后，体验式培训的独特创意和培训方式逐渐被推广开来，培训对象由海员扩大到军人、学生、工商业人员等群体。培训目标也由单纯体能、生存培训扩展到心理培训、人格培训、管理培训等。1941年，科翰在威尔士建立户外拓展训练学校Outward Bound。Outward Bound已成为世界最知名的体验培训机构。"There is more in you than you think"（你拥有的超过你意识到的）这句话铭刻在二战前比利时一所教堂的墙上，后来成为科翰所建Outward Bound的信条，也是他教育哲学的主旨。他相信我们每个人都有更多的勇气、力量和善良，远多于我们所认为的。他希望创造一种环境，让人们不必通过真实的艰险、自我怀疑、厌倦、受嘲笑的经历，就能领悟和发现真理、认识自己、了解别人。于是，一系列挑战性的户外活动出现在课程中。我前面所分享的"跨断桥"训练项目，就是典型的体验式培训内容之一。

（四）什么是"教练技术专业课程"

让我举例说明吧。乔丹，一个曾被踢出高校篮球队的运动员，直到遇到了教练菲尔·杰克逊，才成为了最好的篮球运动员。我们都知道，每个运动员都有自己的教练，就算是世界上最好的高尔夫球手泰格·伍兹，也需要教练，因为他懂得教练的价值。教练可以指出他自己没有意识到的问题，而且可以激励和挑战他最大限度地发挥出潜能。"教练技术"一词源于体育，它是运动员夺冠军拿金牌的有效支持。"教练技术"在国际上已被广泛运用于企业管理及个人生涯规划，它能通过方向性和策略性的有效问题和对话，启发被教练者的思维，引导被教练者发现自己的局限和盲点,发掘自我潜能和智慧,探求更多的可能性和选择,从而更加快捷、容易地解决问题,达到和超越自己的目标。除了被应用于企业管理外,"教练技术"还被广泛应用于心态、态度、人格、情绪、素质、技能、人际关系、亲子教育等个人成长及家庭、社会生活等诸多领域。它的核心内容是通过独特的语言,运用"聆听、发问、区分、回应"四种能力,帮助当事人理清目标、激发潜能、发现可能性、充分利用可用资源,以最佳状态来达成目标。所以,我理解的"教练技术专业课程",就是将"教练技术"作为一种工具,使学员在有计划的课程中达到理清目标、反映真相、迁善心态、调动情绪、计划行动、训练技巧以及发现真我价值等目标,最终进一步改变信念,付之与信念相匹配的行为,并努力获得成果。

(五) 理解并运用"教练技术专业课程"中的四种教练能力

在"教练技术专业课程"的学习过程中,我思绪重重,有个问题不断跃入脑海:教师和家长间的关系是否应该重新审视? 教师和家长间不应该是单纯的学生的教师和家长的关系,应该是教练与被教练者的关系,教练与被教练者是互动、平等、信任并且有着共同目标的伙伴关系。有时候教师是教练,家长是被教练者,有时候家长是教练,教师是被教练者,二者之间的角色是双重和可互换的。

清醒地认识到这点之后,我在与家长交流沟通时,有意识地放下自我,真正做到站在家长的角度去思考问题,自然也就多了一份接纳、理解和支持。幼儿园里的幼儿年龄小,自理能力和自我保护能力较差,潜藏着各种特殊事件发生的隐患。我在真正理解教练与被教练者间的关系后,我经常运用教练技术中"聆听、发问、区分、回应"四种教练能力,尤其在处理幼儿园或班级特殊事件时,家园矛盾往往迎刃而解,获得了事半功倍的效果。我乐意将具体案例分享如下。

1. 聆听

聆听的作用是建立联系、收集资料、获得反馈,了解对方的经验和见识,拓宽视野,尊重对方意见,替对方去听他内在的东西,令对方了解自己的状态。可聆听些什么呢? 要聆听对方的情绪、动机、假设、音量、节奏、音调、体态等。聆听时的态度是忘我的,要放下自身的情绪和干扰,专注于对方的言语,开放自己的心态。

教师在解决幼儿特殊事件的时候,首先要学会聆听家长的心声。也就是说给家长充分陈述事情经过或发泄怨气的时间和空间。例如:

源源和奇奇在小三班里是一对"冤家",喜欢在一起玩耍,但玩不到几分钟就会争吵甚至打架。有一天,奇奇把源源的耳朵咬得青一块紫一块。源源爸爸来接孩子回家时对着班级的三位老师大发雷霆:"我儿子已多次被那臭小子欺负了,我要求把那小混蛋赶出班级。"然后转过身来对儿子说:"儿子,以后他再欺负你,你就给我狠狠地还手,爸爸给你买'大卡车'。"甲老师听后很生气地对源源爸爸说:"小孩子之间的事情,大人不要插手,交给我们老师来处理。"家长顿时火冒三丈地说:"你们有本事处理吗?这么多次了,我儿子还不是照样被欺负,我忍了多少次了。"乙老师听后不语。丙老师听后把源源抱到一旁,一边帮他上药一边轻声地说:"以后有谁欺负你,你就马上告诉我,我一定会帮助你的。还疼吗?"丙老师把源源和家长请到了办公室,倒了杯茶水给家长,并请家长道出内心憋了很久的怨言。丙老师耐心地听家长倾诉完毕后说:"我十分理解您此时的心情,如果我的儿子经常被欺负也会和您一样生气的。"源源爸爸冲动的情绪被丙老师所理解和接纳了,他的情绪逐渐平静下来。

因此,有智慧的教师在聆听家长倾诉时,听到的不仅是表面的内容,更多的是声音背后的东西。好的聆听是要听到对方言语背后的情绪,并对其情绪表示理解和接纳。

2. 发问

发问是四大步骤里最重要的环节,它指的是教师在充分聆听家长倾诉后,根据倾诉内容进行扩散性的提问。发问的作用是更有方向、更有效地聆听,发现问题的实质。发问的出发点应该是启发性而不是批判性,通过启发性发问了解更多的对问题的不同看法,保持中立的态度,创造共赢的关系。

发问中慎用"为什么"的问题,建议将"为什么"转化为"什么原因"。发问时还要关注清晰的目的、事件的关联性,多问开放性问题。发问的技巧是精简言语,每次只问一个问题,问完了应停止说话,留意对方的反应(情绪或肢体语言),聆听对方的回应。如源源爸爸的情绪被丙老师接纳后,不良情绪得到控制。此时丙老师再对源源爸爸进行发问,源源爸爸才有可能听得进去。

丙老师:"您怎样看待奇奇这个孩子?"

源源爸:"我觉得他心狠手毒,没有家教,我一定要联合其他家长把他赶出班级。"

丙老师:"您认为把他赶出班级,对事情的解决有何帮助?"

源源爸:"那我不管,只要他不再有机会欺负我儿子就行了。"

丙老师:"就算奇奇被您赶出了班级,您怎样保证没有其他孩子再与您的儿子发生矛盾和冲突呢?"

源源爸:"我没有办法保证,但如果再有我再赶。"

丙老师:"您送孩子来幼儿园的目的是什么?"

源源爸:"学知识长本领呀。"

丙老师:"学哪些知识长什么本领。"

源源爸:"那我说不全面,但是我知道要为儿子上一年级打基础。"

丙老师:"那好,等会我告诉您要学哪些知识、长哪些本领。"

丙老师:"在您眼里,您的儿子是怎样的一个孩子?"

源源爸:"我儿子很热情,乐于助人,聪明。"

丙老师:"在您眼里儿子是最完美的吗?"

源源爸:"我承认自己的儿子很好动,也好惹别人。"

丙老师:"那您觉得这是您儿子的优势还是弱势?"

源源爸:"当然是不好的。"

丙老师:"那就是说您承认这是您儿子的弱势。"

源源爸:"我承认。"

丙老师:"那您是否认为您儿子是个坏孩子?"

源源爸:"不这样认为,人无完人。"

丙老师:"那回过头来看奇奇这个孩子,如果他是您的孩子您如何对待?"

源源爸:"我一定会狠狠地惩罚他。"

丙老师:"怎样惩罚?"

源源爸:"狠狠地揍他,不让他上学。"

丙老师:"不上学怎么学知识和长本领?"

源源爸沉默片刻说:"买营养品登门道歉。"

丙老师:"那如果奇奇的家长带着奇奇登门道歉,您会原谅他们吗?"

源源爸:"那要看他们的态度如何。"

丙老师:"源源爸爸,您其实是位很善良、很通情达理的爸爸,源源在您的影响下也会具备这些可贵的品格。这就是孩子成长过程中长的本领。"

源源爸爸笑了……

从以上对话,不难看出丙老师是有意识地通过发问来收集有关事件的信息和资料,有目的地把源源爸爸带往一个比较清晰的方向。整个发问过程,丙老师刻意避免与源源爸爸发生争执,也就是说她的发问是为了收集更多有效的信息,帮助解决事件。发问要避免出现单纯的"是"或"不是"的回答。

3. 区分

区分的作用是协助对方提高对自身的了解,协助对方清晰自己的位置,开拓对方的信念范围,支持对方迁善心态。区分指的是教师要站在中立的角度看待问题,帮助对方找出迷茫的地方,带领对方看到由于自己的情绪过于激动导致看问题极端或片面。

如源源爸爸承认送孩子上幼儿园是为了学知识和长本领,丙老师在发问之后要帮助源源爸爸厘清:知识和本领固然重要,但更重要的是孩子的非智力因素,即如何与同伴交往,如何处理与同伴发生的矛盾,什么情况下同伴乐于接受自己的热情帮助,什么情况下热情的帮助不但不被对方接受反而会越帮越忙等。同时,丙老师带领源源爸爸发现自己的儿子喜欢招惹别人才是事件的导火线,"一个巴掌拍不响"。源源爸爸在丙老师的引导下明白赶出去了一个"讨厌"的奇奇,还有可能会出现另一个更头疼的方方。区分必须是在聆听和发问的基础上进行的。

4. 回应

回应指的是在聆听、发问、区分的基础上立刻点中对方的要害,带对方看到自己不足的一面,并激励对方立刻行动,把事件带往好的方向发展。回应的目的是让对方看到盲点,让对方认识到需要学习及改善的地方。建议使用的回应用语有"我欣赏你的是……"、"我建议你下一次更多的是……"。

如果源源爸爸在事情的处理上表现出自私、粗暴一面,丙老师可以这样回应:

"我感觉到了您对儿子的疼爱和责任,也很欣赏您这点。"

"不过今天这件事情您给我的感觉也有点急躁,您在儿子面前发脾气会给儿子带来什么样的负面影响?"

"您是警察,孩子们非常崇拜您,但您大声地在班级里训斥奇奇破坏了您在孩子心目中原本高大的警察形象。"

"我担心源源和同伴相处时多少会受到一些不良的影响……"

最后,要引导源源爸爸表态:您觉得这件事情该怎样处理才是最完美的?您打算怎样做?什么时候开始行动?为什么要等到下周而不是明天行动?

以上事件是个真实的例子,源源爸爸在事件发生的这周周日,同意与奇奇一家人吃顿饭。在饭桌上双方家长彼此道歉,奇奇还送了个小玩具给源源,他们仍然是一对好朋友。当然,教师的任务并没有完成,要想办法让奇奇和源源不再发生类似事件,同时与双方家长保持有效的沟通。

二、体验式家长会的创新

（一）滋生改革传统家长会的念头

当我获得"教练技术专业课程"结业证书时，由内而外涌出一个强烈的想法：改革现有的家长会形式。每学期幼儿园召开1-2次家长会，围绕本学期工作重点和需要家长配合的事项进行，家长会上部分重视幼儿教育的家长状态较好，不开会也一样积极配合幼儿园的工作；部分看重幼儿知识学习的家长状态平平，即使参加了家长会也不能认真配合幼儿园的工作；还有个别家长干脆请假不参加。

是什么原因导致这么多年来家长会的效果欠佳呢？我认真分析现有的家长会形式的利弊。

1. 发布会形式

它是针对一项或多项主题，以教师讲述和传达为主，以家长提问题为辅的一种家长会形式。这种形式多为幼儿园或班级有重大事项宣布时使用；或作为幼儿幼小衔接的专题会；或类似一堂家长学校课程。其目的是准确、及时地向家长通报幼儿或幼儿园的教学情况、变化、日程等。这种家长会形式的准备过程比较简单，涉及的人员不多，但往往会因为教师的"一言堂"导致家长的参与兴致不高，家长的状态是被动的。

2. 慰问汇演形式

通常以由班级教师组织的幼儿表演或幼儿作品演示，以及家长的参观或鉴赏为主要内容。这种形式的使用多为增加教师、幼儿和家长的三方互动，并对一段时间内的幼儿学习成果进行展示，一般安排在学期末或重要节日前举行。其主要目的是向家长展示幼儿的学习成果，增强三方的亲近力和凝聚力。这种形式的优点是符合家长的心理需求，但是幼儿的排练过程和教师的准备过程较长，也难免会影响正常的教学秩序，还会导致部分家长因自己幼儿在表演中担任的角色或站队的前后位置产生不满情绪。

3. 共同活动形式

这种形式的主要目的是在共同的活动中增进彼此的交流和了解，增强幼儿园和家庭之间的情感和配合。这种形式也是比较特别的家长会形式之一，但因为家长始终是被动地执行活动，协调起来难度较大。

4. 辩论会形式

这种形式是将参与辩论的家长在会前分为正反两方，就某一问题进行辩论的一种竞赛活动，实际上是围绕辩论的问题而展开的一种知识的竞赛、思维反应能力的竞赛、语言表达能力的竞赛，也是综合能力的竞赛。它对家长的综合素质要求较高，对教师掌控现场气氛的要求较高。

5. 讲座形式

这是一种由幼儿园园长、教师或某位外聘专家定期地向家长传授某方面知识、技巧，或改善某种能力、心态的一种公开或半公开的家长会形式。这种形式要求讲授者所讲的内容能够深深吸引听众。

以上各种家长会形式，我姑且将它们称为"传统的家长会模式"。我也反复思考，传统家长会模式并非一无是处，它也有优势，如会议流程单一，教师在组织与实施中能较好地掌控大局，不容易出差错，会议内容多围绕学期工作重点和需要家长配合的事项进行，便于教师操作，也能通过提问的方式调动家长的积极性，令教师了解家长的教育观念和行为等。

但传统家长会模式的不足也很明显，如幼儿园的工作重点是家长真正关心的话题吗？需要家长配合的事项也不是家长主动要求的，是幼儿园教师"强加"的，再加之会议上大部分时间是教师的"一言堂"，家长们长时间坐着听，气氛沉寂与枯燥，参与热情不高，常有家长出出进进接听电话，几乎全程的状态都是被动的。

如果尝试借鉴体验式培训的理念和方法来改革目前的家长会模式，首先能克服"一言堂"导致的单调乏味的局面，调动家长的主动性、积极性、凝聚力，让家长全身心地投入到家长会中，不但能令家长不断感悟和反省，达到逐渐优化家长教育观念的目的，也能令教师和家长一起成长。

那么，如何将体验式培训中的理念和具体做法迁移到家长会中去呢？我首先想到的是体验式游戏。如果家长会的第一个流程是游戏，一是可以活跃现场气氛，有助于家长开放心态和进入会议角色；二是每个游戏背后有特定的教育意义和价值，可以通过玩游戏传递先进的教育观念；三是用游戏可以凝聚整个班级团队的力量。

于是，我开始带领年级组的老师一起将已知的游戏、上网搜索到的游戏在玩法、规则、目的上进行改编，旨在让这些游戏变得易懂、好掌握、能够人人参与，尤其是有特定的教育意义和价值。为了能站在家长的角度参与这些游戏,我与组内的老师一起将改编的游戏反复玩,一边玩一边发现问题,一边完善它们。在玩游戏的过程中,老师们异常兴奋,因为每个游戏都有它独特的寓意,当游戏结束时每个游戏者都有相同或不同的感受。当老师们相互交流游戏感受时,我忽然发现家长参与游戏后需要交流平台的意愿可能会更加强烈,于是在游戏环节留出了分享与交流的时间。

在传统式家长会中注入游戏,明显增强了家长会的参与性、趣味性和教育性。这种让家长亲身体验游戏的做法,受到了家长们的欢迎和好评。这些游戏不仅可以运用到家长会中,也可以运用到家园联欢活动中。相信在运用的过程中,读者会与我产生上述相同的共鸣。同时,我也希望读者不仅能够完善已有的游戏,还能创造出更多更有价值的游戏。

（二）体验式家长会的概念与优势

看到了由游戏带给家长会的效果,团队成员们异常激动。大家决心将整个家长会的形式彻底转变为体验模式,经过多次的碰撞和集思广益,大家决定把这种新型的家长会称为"体验式家长会",其中心思想就是创造大量机会让家长不断亲身体验,在体验中产生自我反思、相互交流等效果,甚至达到改变家长固有的传统教育观念的目的。那么,到底什么是体验式家长会呢?

首先,它不是"一人会",即不是由教师一个人主讲的会议,而是"全体会",即全体家长都是主动的参与者,不单纯用耳而是充分用心,不重智商而是以情商启动智商,充分体现出现代教育的理念。

具体来讲,体验式家长会有相对固定的流程,每学期把家长邀请到幼儿园里一至两次,每次在两个小时左右的时间里,让家长身临其境地投入到教师精心设计的每个流程中去,在教师的启发下将参与游戏后的感受与其他家长进行分享和交流,用心感悟游戏背后深刻的教育意义。也可观看一些与家长会主题相吻合、具有教育价值的视频,在观看视频之后进行深入的讨论和分享,使教师和家长共同达到反思自己的教育观念和教育行为的目的。

总之,体验式家长会就是在有限的时间和空间里,教师想方设法引领家长朝着家长会预期的主要目标,通过调动各种感官来寻找相应的策略和实施途径,最终达到转变教育观念的目的。在体验式家长会中教师用自己的言行举止影响家长的教

育行为,即用敬业精神感动家长,用专业水平引领家长,使每次参加家长会的家长的观念得到更新,还能主动将家长会的精神带到家庭中去,影响家庭里的其他成员。久而久之达到让家长与幼儿一起成长,将先进的教育观念延续到小学、中学其至更久远的成长阶段的效果。因为,无论多么优秀的教师,在陪伴幼儿和授予幼儿方式方法的效用上都不及幼儿的父母。作为教师最值得付出的努力就是让每一位父母逐渐具有先进的教育观念和教育行为,因为他们对自己孩子的影响是一生一世的。体验式家长会能很好地实现这一目标,值得教师们为之付出努力。

对于教师来说,在精心准备家长会的过程中,不仅挑战了自己的专业水平,更考验团队集体作战的能力。教师在一次又一次的家长会设计和准备过程中,进一步体会"细节决定成败"的重要,懂得"处理事情前需要投入感情",同时让自己越来越专业。

(三) 确定和落实体验式家长会的主题

在确定体验式家长会主题的时候,要考虑各年龄段特点和家长会想要达到的终极目标,考虑所确定的主题是否有丰富的资源可以实施,如与主题相关的游戏、视频、话题、或音乐、环境、道具等,如果这些都能围绕主题呈现就能更加凸显主题,达到深入人心的目的。在主题的选择上,还要考虑当下时间点的独特性。

如小班新生的主题家长会,以新生家长为对象,在每年七月初(暑假前)新生已明确入园资格时召开。新生的家长对幼儿园比较陌生,教师对他们也感到陌生,家长之间同样是陌生的,彼此间的陌生就成了家长会的一道障碍。为了在有限的时间里尽量消除彼此间的隔阂,达到彼此沟通、彼此信任的目的,我把新生家长会的主题定为"沟通从心开始"。围绕这个主题,我安排了"相互认识"环节,在此环节中又安排了两个小游戏,即"招手欢呼"和"找朋友"(详细玩法见第二章小班体验式家长会案例)。

参会的家长每人胸前贴有不同颜色的贴纸,每种颜色代表不同的班级,并写有孩子的姓名,这样做也是为新生家长提供相互认识的便利条件。播放的背景音乐是《找朋友》,衬托出欢快、轻松的氛围,会场顿时变得活跃起来。家长使用的一次性水杯上面也标有"爱心号码",向家长传递着爱的信号和按号码节约使用杯子的信息。

接着由教学园长进行讲座,讲座内容同样围绕家园沟通进行,时间控制在30分钟以内较为合适,在讲座中间可以穿插互动环节,如快速问答,答对的家长可获得一枚爱心贴纸。

然后是小班年级教师团队展示环节,轻柔地播放《让爱飞扬》的背景音乐,各班教师在按班级轮流展示口号、动作时,可有意增加与班级家长互动的小环节,如教师喊出口号"小一小一,孩子第一,家长第一,放心第一"后,向小一班家长喊:"小一家长放心还是不放心?"以此来活跃气氛。

紧接着小班年级的教师团队整体展示,既要让家长感到每个班有自己的特点又要让他们感到这是个极具战斗精神的优秀年级组团队。展示环节中的教师出场退场等细节都要特别注意,它体现着体验式家长会的高要求和高品质。

安排专家进行"如何缓解新生入园焦虑"方面的讲座时,园方要先了解专家讲座内容是否能够与参会的家长产生共鸣,专家的讲稿中应强调幼儿的生活自理与自信心、表达等能力都有着密切的关系,以此提高家长对幼儿自理能力的认同,从而在接下来入园前的两个月时间里有针对性地提高自己孩子的自理能力,为顺利进入小班打好基础。

又如大班上学期的主题家长会"带着憧憬健康地上小学"。这个主题传递着"将儿童的健康放在首位"、"健康是儿童上小学的基础"等儿童观。为了让这个观念深入家长的脑海甚至骨髓里,我用新闻片《大学生军训晕倒一片》和视频《日本幼儿体能素质锻炼》作为凸显主题的载体(详细内容见第四章大班体验式家长会案例),相信家长通过这两个视频能立刻坚定"只有具备健康的身体素质,孩子才能胜任小学学业"的信念,明确此时是幼儿生理心理成长的关键时期,从而乐于主动配合幼儿园,加强幼儿的身体锻炼。

家长会中的游戏"不一样的成长",也向家长反映着这样一条信息:人的成长道路并不平坦,甚至可能出现艰难险阻,但只有经过了大风大雨的人,才能感受到彩虹的美丽;反之,如果一个人较为顺利地成长,阅历自然就不够,这样的人生也是平淡无味且难以经受考验的。每次游戏或视频观看结束以后,都会安排家长相互交流,达到相互影响、共同进步的目的。

(四)体验式家长会的流程

体验式家长会的流程是相对固定的,读者可以根据本园的实际情况进行增减,也可以将流程的顺序作适当调整。但"游戏"、"视频"及"讨论和分享话题"是体验式家长会的精华,读者可以在此基础上完善和再创造,创造性地发扬体验式家长会的优势。

1. 相互认识(10分钟)

此环节为家长们提供了介绍自己以及拥有的优势资源的机会,每当有新成员加入班级时，家长会都可以从这个环节开始。为避免家长在自我介绍时过于自由发挥而拖延时间，教师可以提供家长如下的自我介绍句式建议，也可以让家长通过发生在自己身上真实、感人的教育故事或具有的特长能力来介绍自己。

我是_____的爸爸（或妈妈），在_____（单位）工作，非常有幸成为_____这个大家庭中的一员，我可以为班级提供_____的服务。请大家多多关照！

如果是新生家长会，或者班里有新教师加入，新教师也需要精心设计自我展示的内容。

在欢迎新朋友加入时，教师要注意把握欢迎词的尺度，时间、语句都要适中，过于热情会令老生家长不舒服，过于平淡又会让新生家长难以产生归属感。这也就是大家平常所讲的语言的艺术性。

2. 欣赏《采帧集》相册（时间灵活）

这个流程一般放在家长会正式开始之前，先到达班级的家长可以先欣赏早已摆放在座位上的《采帧集》相册，家长间也可以相互传阅欣赏。正式进入家长会流程时，留5分钟时间请个别家长就这本相册谈谈自己的感想。

《采帧集》相册里放的是班级几位教师平时与幼儿朝夕相处时抓拍的照片，内容包括幼儿在园的生活场景、游戏和学习场景、与同伴交往的场景、参加体能锻炼的场景、参加生日会的场景、参加大中小型活动的场景等。教师在电脑上给每个幼儿建立电子文件夹，将个人的、集体的照片分别存放在幼儿个人的文件夹里，并在每张照片上用精炼的文字记录镜头背后的故事、时间、地点等，这个过程折射出教师对幼儿的热爱和教师这个职业的奉献特性。每个幼儿在入读幼儿园的三年中会得到6本珍贵的成长相册。

教师可与当地照相馆沟通将电子相册制成实物的要求和费用，然后向家长进行调查，提供样册给家长看，让家长自愿选择是否付费制作。对于不要求制作相册实物的家长，可以考虑让其将电子照片拷贝回去。

家长在分享观看《采帧集》的感受时往往被感动得热泪盈眶，记得一位爸爸曾经这么说："孩子如今快4岁了，我也给他拍了无数的照片，只是都存在了电脑里，虽然也给孩子做过几本艺术照相册，但都是照相馆做的，哪有这样耐心地做过如此精美和珍贵的相册。我建议全体家长起立，用深深的一鞠躬感谢亲爱的老师们，她们是真心爱着孩子。"还有一位妈妈用哽咽的声音说："我女儿是班上安全感最差的小女生,相册记录了她曾在老师身边度过了近 2 个月的惶恐时期。每翻一页就看到我女儿进步一点的身影,我很激动,老师比妈妈耐心一百倍,我永远感谢老师们!"这位妈妈说完已泣不成声。

是的,这一本本相册牺牲了教师们许多时间,耗费了他们很多精力,张张照片和字字句句也都饱含着他们对每个孩子的深切关注。相信数年后,已经长大成人的孩子们再次翻阅这些相册时,依然能感受到来自幼儿园启蒙老师的浓浓爱意。

3. 体验游戏(30 分钟)

教师在正式召开家长会之前,按照班级家长人数,相对平均地将家长分成四个或四个以上小组,可以事先取好小组名称,也可以把"小组取名"作为一个环节放入家长会的流程中去。

教师根据游戏需要决定家长参与游戏的方式,如两个小组合并为一个组进行竞赛游戏,或者四个组共同参加集体游戏,尽量避免以每个小组为单位参加游戏,因为会耽误许多时间。

游戏环节的设置并不是为游戏而游戏,而是为了让家长更直接或更直观地体会游戏背后的寓意。因此,游戏应符合家长会主题的需要。教师在交代游戏方法及规则时,要语言精练、语速平稳,尽量让每位家长听清楚玩法及规则,还可以请个别家长进行示范,让游戏玩法及规则一目了然。

4. 话题讨论(40分钟)

教师可以在召开家长会之前向全班或全年级家长调研感兴趣的话题,然后由各年级组的教师根据调查结果和班级实际现状进行取舍和话题的最终确定。在确定话题的过程中要把握话题的时代感、可操作性、年龄特征和价值观。

话题确定后,教师要查阅和收集相关资料,夯实自己的专业知识。每个家长小组选择的话题最好各不相同,这样既可以节省时间,又可以使全体家长在短短的两个小时里获得更多的信息和达成共识。话题讨论的时间最好控制在15到20

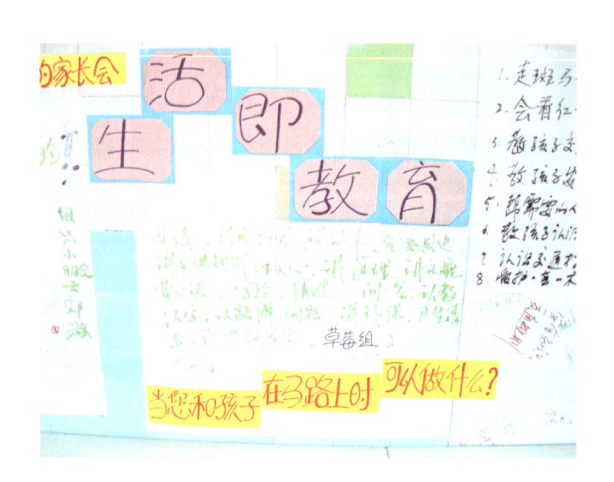

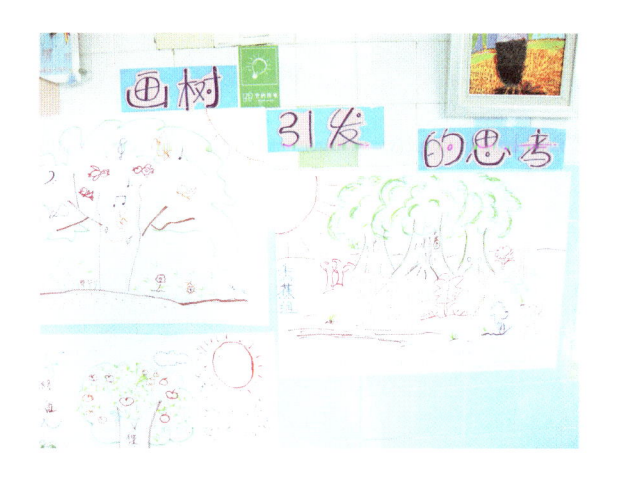

分钟,各小组派代表分享讨论结果时,时间控制在 5 分钟以内。家长会在预定时间里结束也是保证质量的关键。教师对话题的小结和提炼不仅要紧扣主题,还要充分显示出专业性,达到"用敬业感动家长、用情感打动家长和用专业引领家长"的目的,促使家园共育获得事半功倍之效。

5. 观看视频或数字故事(15 分钟)

教师在开家长会之前一定要检查音频和视频是否可以正常播放,音量是否合适,还要做好电脑设备中途发生故障的补救措施。有些视频需要配合灯光效果,因此家长会前要指定专人关灯、点蜡烛等。

视频不仅仅是本书提供的这些,读者也可以根据本园的需要自己拍摄视频,如将幼儿园厨师凌晨赶到幼儿园,为幼儿制作点心的过程拍摄下来(凸显厨师的工作时间及做点心的用心);也可以将幼儿园清洁人员清洗马桶、打扫卫生的情况拍摄下来;还可以将暑期对幼儿园进行全面装修的过程拍摄下来(凸显装修材料的环保性和装修时投入的财力和人力)。还可以在网上搜索下载能够反映时代性的新闻片或其他类型的视频使用,或将符合家长会主题需要的经典绘本制作成数字故事等。

以上 1-5 流程所需时间共计约 105 分钟,建议将一场体验式家长会控制在 2 个小时以内完成。

6. 检视成果

这是召开完体验式家长会后的延伸活动。教师可以邀请个别有意愿、有能力撰写会后感受或体会的家长积极投稿,将稿件上传至幼儿园网站、班级微信群或张贴在"家长园地"布告栏上;也可以在班级微信群里发起实时的感悟分享和探讨。

在班级微信群使用之前,园方最好带领教师和家长共商和制定"微信平台管理办法"，确保日后各班在使用微信群时是积极、正面的。

还可以把全班家长分成若干个"关注小组"，班主任在两周时间内与每个"关注小组"进行深入的对话，做到有机会关注每个家庭。具体做法可以是每天约4名家长到幼儿园与班主任进行交流（在班级内设立"家长交流中心"，可以与教室里某个区域结合使用），交流的内容可以是本周工作重点、幼儿的发展情况或其他。如本周刚开完家长会，教师就可以与当天来的家长谈论家长会的感受、建议等。

更重要的是，会后各家委会的小组长应在组内发起相关督促，如：培养孩子早睡早起的习惯；每晚19:00－21:00，家长远离手机，用心陪伴孩子等家长会上达成共识的内容。

小贴士

《采帧集》这一流程不一定出现在每一场体验式家长会中，或许有的教师愿意为之付出，有的教师却不会。因为它确实会耗费教师们很多的精力和时间，教师们可以自行决定做与不做此相册。

除了小班第一学期家长会召开时还没来得及制作相册因而没有此流程以外，其他每个学期的家长会上，我的班级都有欣赏《采帧集》这个温馨而感人的环节。如果读者对《采帧集》也有认同感，不妨试着为孩子们制作一个学期或一年期的相册。它的意义和影响是深远的。

另外，在"自我介绍"环节，教师们应该注意一点，如果对班级家长缺乏了解，需要在会前挨个儿与家长打电话或当面交流。一方面通过沟通营造班级的大爱氛围，另一方面了解家长可以为班级提供服务，服务方式可以是多样的，如来班级做义工、为班级收集区域材料、协助教师组织活动、每天下午提前半小时来接孩子（届时可以为孩子们读故事或一对一地教孩子穿脱衣服等）。

（五）准备和召开体验式家长会的相关建议

体验式家长会不是某一位教师或某一个班级的家长会，它是全园的，是为了转变家长的育儿观念、优化家长的育儿行为以及达成家园共识而开展的。因此，全园上至园领导下至门卫、花工、清洁工都应高度重视，主动思考家长会将牵涉到哪些本职工作，并主动承担和积极准备。建议准备工作安排如下：

1. 园领导成立"体验式家长会工作组"，小组成员包括行政、后勤的主要负责人、各年级组组长和各班班主任。在学期末确定新学期家长会召开的具体日子，以便教师有充足的时间做相关准备。

2. 以目标导向确定家长会的主题，即各班级根据本班幼儿和家长中存在的家园共育问题确定家长会的主题。切忌贪多，对急需解决的问题优先考虑。

3. 年级组组长至少两次召集本组教师一起设计家长会内容。首先各班教师列本班问题，再筛选过滤问题，然后就环境创设、家长就坐方式、家长会流程等细节进行精心设计。

4. 家长会准备就绪，第一次由年级组长召开本班家长会，其他教师在现场观摩，随后择日就观摩情况进行交流并加以完善，再由年级组内能力第二强的教师召开本班家长会议，以此形成园内家长会的教研氛围和通用模式。

5. 家长会的流程顺序可以根据需要作调整，各流程的方式也可逐步优化。如"认识新朋友"环节形式可以多样，如自我介绍、三句半表演、老家长与新家长互动等。总之，应该拓宽思路，在使家长会别开生面的同时能够深深启迪家长。

6. 幼儿园将较为完善的家长会案例进行存档，以便下届教师在此基础上继续应用完善。

图解幼儿园体验式家长会实战

第二章

小班体验式家长会案例

一、新生入园主题：沟通从心开始

（一）家长会计划

1. 会议时间

    月：7月

    日：第一周的周五

    时：晚上 19:15 – 21:15

2. 会议准备

    （1）会场布置：按班级划分家长就座区域；摆放一些家居饰品来增加温馨气氛；准备茶水及标有爱心号码的一次性纸杯（使用后可留在美工区作为手工材料）。

    （2）PPT《沟通从心开始》*、《生命的铁三角》*、《如何缓解新生入园焦虑》*；蓝色丝带若干；用多种颜色即时贴剪成爱心形状，以颜色区分不同的班级，在爱心纸上写幼儿的姓名和小名；背景音乐；确保多媒体设备可以正常使用。

    （3）邀请已毕业的家委会的家长义工前来支持和参与会议。

    （4）教学园长牵头开会，小班年级组长安排会议期间的人员具体分工与合作，讨论和完善家长会的方案，彩排小班年级团队的展示活动。

    （5）通知小班全年级及中、大班插班生家长参加会议。

    （6）按参会家长人数准备纸质资料（见资料附件）。

3. 会议分工

    （1）教学园长介绍办园理念及办园方向（约半小时）。

    （2）小班年级组长主持主题家长会。

    （3）园长发放《幼儿园文化手册》并提出相关的重点要求。

    （4）各班教师共同承担布置会场、发放丝带、迎宾及签到等工作。

标★的 PPT 文件在随书的卡片 U 盘中提供。

4. 会议流程

（1）游戏：相互认识（注意兼顾中、大班插班生家长）。

（2）小班年级教师团队展示。

（3）教学园长讲座：生命的铁三角。

（4）小班年级组长讲座：如何缓解新生入园焦虑。

小贴士

> 本次会议时间定在7月份，是为了让新生家长在开完会后，还能有两个月时间为幼儿生活自理能力做有针对性的准备工作，帮助幼儿缓解入园前的心理焦虑。
>
> 将纸质资料复印后发给每位家长，不仅是为了节省家长会时间，也是避免会议中教师的讲述部分所占比例过重。
>
> 针对家长助教的内容还需要择日对全体家长进行相关培训，暂时将它印在纸质资料上是为了让家长初步了解家长助教义工团队的性质，以便家长日后积极参与。

（二）家长会实战

【开场】尊敬的各位家长，欢迎你们加入幼儿园这个大家庭，同时也感谢你们的信任，选择了我园。今天会议的主题是"沟通从心开始"，会议流程有相互认识、小班年级团队展示、教学园长的讲座"生命的铁三角"和年级组长的讲座"如何缓解新生入园焦虑"四个环节。

1. 相互认识（10分钟）

（1）招手欢呼（5分钟）。

【导语】我们要感谢孩子让我们相识，令我们有面对面沟通的机会。既然是沟通就应该用心去做，所以，请跟随我打开自己的心扉，调动身体里最积极、最活跃的细胞，主动地去与在座的各位打招呼。我们要比比看，小班四个班的家长以及中大班的新生家长哪个班最具凝聚力、最热情。

主持人喊:"小一班的家长在哪里?"小一班家长回答:"在这里。"(家长招手并欢呼)再喊:"小二班的家长在哪里?"……直至中班和大班插班生家长都欢呼着打招呼。

(2) 游戏:找朋友(5分钟)。

[导语]刚才体现的是团队力量,现在考验的是个人能力。通过游戏"找朋友",看您在一分钟内能认识多少位在座的不认识的家长,要记住他(她)是谁的家长,并记住那位家长的名字。看谁记住的名字最多,数量排前三名的家长将获得奖励(蓝色丝带)。游戏现在开始(背景音乐轻柔地响起)。

(3) 统计。

[导语](背景音乐停止)在一分钟里记住了8位家长名字的家长请举手;记住12位家长名字的家长请举手……

(4) 嘉奖。

[导语](播放音乐《我想飞得更高》)请用热烈的掌声邀请记名字排在前三位的家长上来,接受我们的嘉奖(协助的教师将蓝色丝带系在领奖家长的手腕上)。你们热情、积极、主动与人交往的行为,令我们感动,更值得我们学习,你们是孩子的榜样,请接受大家给你们的嘉奖。感谢家长们的积极配合!

2. 小班年级教师团队展示(10分钟)

(1) 依照小一、小二、小三、小四班的顺序,教师一边做动作一边齐声朗读口号。

[导语]亲爱的家长,有缘成为这个大家庭的成员,我们感到十分的荣幸和骄傲,有你们为这个大家庭注入最新鲜的血液,我们的明天会更加充满希望。请相信,你们眼前的这个团队是极具实力和战斗力的队伍,请用热烈的掌声邀请各班老师上台展示。

小贴士

口号参考

小一小一,孩子第一,家长第一,放心第一。

小一小一,孩子第一,家长第一,三年如意。

小二小二,孩子快乐,团结密切,独一无二。

小二小二,专注陪伴,静待花开,理念先进。

小三小三,师生齐心,爸妈尽心,非同一般。

小三小三,家长齐心,老师默契,责任如山。

小四小四,主次清晰,家园同心,全力以赴。

小四小四,承诺如是,孩子幸福,快乐如斯。

(2) 在各班教师展示的同时,主持人播放团队介绍PPT。每位教师仅一页PPT,内容包括毕业院校、教龄、循环带班情况、突出的业绩。介绍文字不宜过多,精简为宜。

(3) 待各班教师相继展示完毕,全体小班教师一起跟随欢快的乐曲来到舞台上,进行全年级教师团队的展示。喊出口号:小班家长请放心,我们是最具凝聚力、战斗力的团队,耶!

3. **教学园长讲座:生命的铁三角(30分钟)**

【导语】接下来让我们用热烈的掌声邀请×园长上台,为大家作精彩讲座。

【讲稿参考】

① 什么是生命的铁三角?

从生命的意义而言,无论在什么情况下,所有的孩子都只有一个爸爸,只有一个妈妈。对于任何一个孩子而言,生身父母和他自己构成了一个生命的铁三角,在其成长的过程中,这个铁三角是至关重要的。

生命铁三角的完整与否,决定了孩子日后爱的能力,影响着孩子未来人生的幸福。

② 分享奥巴马的成长经历,思考和讨论:单亲家庭对孩子的心灵成长,是否会产生很大的负面影响,为什么?

我们来分享奥巴马的成长历程,看看能给我们怎样的启示。奥巴马是单亲家庭的孩子。奥巴马的爸爸(老奥巴马)虽然已经离开了,但在奥巴马内心深处有没有爸爸?(当然有)爸爸的形象是正面的,还是负面的?(当然是非常正面的)不仅如此,当年老奥巴马的岳父岳母不同意女儿爱上一个黑人,因为当时的美国种族歧视很严重(立法禁止"黑白"通婚),但是因为女儿很坚决只能同意。如果在中国,大人会怎么说?老奥巴马的岳父岳母告诉奥巴马说:"你爸爸最大的优点是非常自信"、"你爸爸敢和专业歌手同台演唱"。妈妈也常在奥巴马面前讲有关老奥巴马的正面的故事。所以,虽然爸爸不在身边,但奥巴马心里面有没有爸爸呢?我们有多少爸爸妈妈活生生地把孩子变成了

"单亲"或"孤儿"。

通过奥巴马的例子,我们可以发现生命铁三角的本质是心灵的意义,非法律的意义。

③ 观看樊兆炎的视频,思考和讨论:生命铁三角对孩子人生的影响有多久远,多宽泛?

④ 观看李阳的访谈视频,思考和讨论:爸爸妈妈忙于工作(陪伴孩子的时间少),或成为留守儿童会对孩子的心理产生怎样的影响?

从李阳孩子的角度来看生命的铁三角:父亲缺位,母亲极力弥补。

从李阳的角度来看生命的铁三角:父母严重缺位,李阳失去爱的能力。

生命的铁三角早已决定成年后的悲剧人生。

⑤ 联系自身思考和讨论:你孩子的生命铁三角是怎样的?(强势?溺爱?单亲?放养?其他?)

当我们无知时,每种状态都在制造孩子未来的人生悲剧!所以,家长们要时常认知与反省:父母关系水平对孩子的心灵成长会产生怎样的影响?

父母关系水平	孩子内心
相亲相爱	健康、阳光、有力量
缺少爱,但还能彼此尊重	完整
缺乏尊重,轻视对方	苍白无力
彼此怨恨	产生心理问题
孩子被卷入,成为报复对方的工具	极有可能被毁一生

家长应明确孩子在生命铁三角关系中的定位。

首先,孩子是以父母为通道来到这个世界上的独立生命体。其次,孩子来到这个世界上,有着自己独立的生命意义。父母不是导演,孩子不是演员。最后,父母最重要的任务是活好自己;处理好夫妻关系;帮助孩子活出精彩的自己。

请在座的家长自查自己家庭的生命铁三角状态。在问卷上打"√",这份问答题不需要递交给园方,家长可自行带走。当然,如果您想单独与我们沟通,欢迎会后与我们联系。

① 你孩子的生命铁三角处于什么状态?
严厉(　)　溺爱(　)　放养(　)　单亲(　)　"孤儿"(　)　其他(　)

② 你的夫妻关系处于哪个水平?
相亲相爱(　)　彼此尊重(　)　轻视(　)　怨恨(　)　孩子卷入(　)

亲爱的各位家长,今天我在这里强调"生命的铁三角",是想唤起大家沉睡已久的、固执的想法,认为孩子送到幼儿园交给老师,什么问题都应该由幼儿园和老师负责。"生命的铁三角"促进我们深入地思考,哪些家庭的孩子未来一定是正能量的、内心充满阳光和爱的、人生是幸福的!让我们一起共勉。同时,恳请家长认真阅读幼儿园发放的每一份资料,下次我们再探讨。谢谢大家!

4. 小班年级组长讲座:如何缓解新生入园焦虑(1小时)

【导语】感谢×园长的良苦用心。接下来让我们用热烈的掌声欢迎小班年级组长×老师为大家作"如何缓解新生入园焦虑"的讲座。

【讲稿参考】
① 幼儿入园焦虑的原因。

孩子从相对宽松、自由的家庭来到陌生且有一定集体生活要求的幼儿园,倍感陌生,心里充满了担忧和害怕。他们不会自己吃饭、穿衣、如厕,因无法胜任幼儿园的生活而焦虑不堪。在家里总有一位甚至多位成人跟在他们身边照顾,有求必应的生活状态令他们倍感舒适。有的孩子语言表达能力较弱,与老师和同伴交往时容易产生各种矛盾。孩子们也不太理解自己为什么要上幼儿园,对于上幼儿园这件事情感到恐惧,害怕爸爸妈妈从此抛弃了自己(尤其是有的家长会恐吓孩子"再不听话就不要你了")等。

② 幼儿分离焦虑的三个阶段。

约翰·鲍尔比(John Bowlby)通过观察把婴幼儿的分离焦虑分为三个阶段:反抗阶段,表现为嚎啕大哭,又踢又闹;失望阶段,表现为断断续续的哭泣,吵闹的动作减少,不理睬他人,表情迟钝;超脱阶段,表现为接受外人的照料,开始正常的活动,如吃东西、玩玩具,但是看见父母或其他亲人出现时会出现悲伤的表情。

③ 幼儿入园时哭闹的类型。

早晨来园时孩子会哭闹,哭闹的性质有以下几种:

第一种是哭给家长看的,也就是撒娇型。家长自身要明白,实际上这些孩子一旦和家长分开就能快速融入集体。对于这种类型的哭闹,家长只需要对他们表明"你是一定要上幼儿园的"、"爸爸妈妈是一定要上班的,但是只要一下班就会到幼儿园来把你接回家"。

第二种是因害怕某件具体的事情而哭闹,也就是畏难型。这类孩子的家长首先是要接纳理解他们,然后给予帮助,必要时与老师沟通,老师可以适当地给予孩子回应、帮助,家园合力共同提高孩子的自理能力才是根本有效的方法。

第三种是一整天都在哭闹中度过,也就是安全感极度缺乏型。这类型的孩子通常会要求坐在教室门口哭,或坐在老师身边哭,老师一般都会满足他们的需求。但如果家里有条件,家长最好在一段时间内陪同孩子上幼儿园。有的家长会担心陪同时间太久的话,一旦停止,孩子可能更不适应。其实,经实践证明,家长这方面的担忧是多余的,因为孩子的不安来自于对新环境、新老师缺乏掌控感和信任感,经过一段时间的适应,他们的掌控感和信任感会大大增强,那时孩子的情绪自然就稳定了。

第四种是一旦身边没有老师就会哭闹,也就是依赖成人型。这类型的孩子一分一秒都不能离开老师,非常黏人也会给老师的正常工作带来不便。尽管如此,老师会尽量一边牵着他们的小手一边工作。家长可以时常向孩子灌输"老师是所有小朋友的老师,不是你一个人的老师,你牵着老师的手要老师陪你,会影响老师工作"的意识,还可以给孩子一张全家福照片,满足孩子希望家人陪同自己一起上幼儿园的心理需求。这样的孩子适应期会比较长。

第五种是心神不定,也就是恋物型。这类型的孩子通常睡觉时要抱着东西才能入睡,当这件物品不在身边时情绪难以安定。老师会允许孩子带着这些物品(被子、公仔、衣服等)上幼儿园,不过家长在接孩子离园时要记得检查它们是否在孩子的书包里,如果孩子晚上睡觉时发现物品不在身边很可能会大哭大闹、无法入眠。

④ 幼儿长期焦虑可能造成的危害。

长期处于焦虑的状态会导致孩子身体的免疫力下降,生病频繁;会令孩子更加胆小;会让孩子不愿意讲话;晚上睡觉非得要大人陪着,不能独立入睡;夜间做噩梦,讲梦话,大汗淋漓;食欲不振,吃什么都没有胃口,身体消瘦;还可能会降低孩子智力活动效果,甚至会影响孩子将来的创造力、社会适应能力等。

⑤ 缓解幼儿入园焦虑的正确行为。

作为家长和老师都应懂得一个道理:孩子从环境比较宽松的家庭来到陌生的幼儿园,内心有很多的担忧,比如在家里是大人喂饭,到了幼儿园要自己吃饭;在家有人端屎端尿,到幼儿园就特别害怕上厕所等。孩子的这些担忧都将加重焦虑情绪。因此,家长和老师应统一认识和做法,尤其是孩子入园的第一个月,家长和老师一起接纳孩子的低自理能力状态,同时在家里努力帮助孩子提高生活自理水平。允许孩子暂时"达不到要求",不增加孩子的任何心理负担。比如孩子不喜欢吃幼儿园的饭菜及其他食物,老师尝试先引导说服,如果说服失效就要接纳孩子此刻的情绪,同意他们不吃。反之如果此刻强迫他们吃东西会引起反感甚至是对幼儿园的厌恶之情。同时,家长要做好心理准备,可能接孩子回家时,孩子感到饥饿,家长可随身带些健康的充饥食物。又如孩子害怕穿脱衣服,午睡时不脱衣裤和袜子就上床睡觉,老师应该予以同意。当孩子哭着找家人时,老师要及时给予回应,可以立刻拨通其家长的电话,让孩子表达和宣泄情绪,老师要切记莫假意打电话给家长,因为这只能缓解一时,并不能真正舒缓孩子的心理。这样,不仅能缓解孩子的心理焦虑,还能较快地让孩子逐渐喜欢上幼儿园和爱上自己的老师。除此之外,老师要将"我知道你想妈妈了"、"我小时候上幼儿园时也和你一样地哭闹"等接纳性语言时常挂在嘴边,同时要将"我爱你"、"我和你的爸爸妈妈是好朋友"、"我还去过你的家呢"等充满关怀和爱意的语言挂在嘴边。在这样的氛围里,孩子即使哭闹也是安全的哭闹,心理是健康的。

家长在接纳孩子焦虑情绪的同时,应做些力所能及的补救工作。一是精神准备:提前带孩子参观幼儿园,玩玩大型玩具,看看教室,还可以用手机拍一些幼儿园的照片,一有时间就把照片翻出来给孩子看,说说"这是你的新幼儿园哦,它多么漂亮……"二是能力准备:如果你的孩子是因为自理能力弱而焦虑,家长就要快速提高孩子的自理能力,尤其是最基本的吃饭和如厕。吃饭时,老师同时面对几十个孩子,喂不过来,我们也不主张喂饭。因为如果老师都忙于给孩子们喂饭,会滋长他们的依赖性,同时老师就没有精力和时间来建立用餐前、用餐后的常规行为习惯(孩子自己送餐具、擦嘴巴、漱口、摆放椅子等)。孩子如厕不能自理就会尿湿裤子,大便后会在厕所里高呼"老师,我拉完了",如果老师不能及时听见和帮助处理,孩子的焦虑会增加。像穿脱衣服之类的事情老师会予以适当的帮助,但是家长也要有计划地教孩子学会穿脱衣服的基本技能。有些孩子口渴了也不会主动去喝水,所以家长还要教孩子及时表达自己的想法。

当然,也有刚入园时不哭也不闹,但入园的第二周开始哭闹的孩子。不是这些孩子有安全感,而是他们的表现较为滞后。家长们要有足够的耐心等待孩子的适应期。无论哪种类型的孩子,起初家长都要按时到幼儿园接孩子回家,切莫因为自己的工作忙而延后接孩子回家,那样只会增加孩子的焦虑感。家长还要多跟孩子谈及幼儿园愉快的事情,有机会可以到班级当助教,增加和孩子谈话的话题等。

我们在家园互动网上传了一份《缓解幼儿入园焦虑的方法》,是专门为家庭教育量身定做的方案,请家长们及时下载学习。谢谢大家认真的聆听!

【导语】美好的时光总是过得很快,相信家长们或多或少有了一些收获,知道接下来的两个月,该如何对孩子进行适当的家庭教育,我们信心百倍地期待与家长们携手共进,使孩子每天都健康、快乐、幸福地生活。(全体小班教师走到台前排成一横排)

最后,请家长接受小班年级全体老师最诚挚的感谢(所有台上的教师深深鞠躬),感谢您的光临和耐心聆听。

祝各位身体健康,家庭幸福!

小贴士

在"如何缓解新生入园焦虑"的讲座中,可尽量举例说明。有条件的幼儿园还可以配一些往届幼儿的视频,以增强家长的认同感。

【资料1】幼儿园一日活动安排及各环节教育价值（秋冬季）

- 关注幼儿学习与发展的整体性。儿童的发展是一个整体，要注重领域间、目标间的相互渗透和整合，促进身心全面协调发展，不应片面追求某一方面或几方面的发展。
- 尊重幼儿发展的个体差异。幼儿的发展是一个持续、渐进的过程，也表现出一定的阶段性特征。
- 理解幼儿的学习方式和特点。幼儿学习是以直接经验为基础，在游戏和日常生活中进行。

时间/流程	教育价值	家庭支持	提示
7:50 ｜ 8:20 来园 晨间锻炼	1. 来园是幼儿园一日生活的开始，也是幼儿园与家庭良好衔接的第一步。 2. 教师通过一问、二摸、三看、四查，了解每位幼儿的身体状况和情绪。 3. 对幼儿进行礼貌教育，发展人际交往能力。 4. 晨间锻炼能够激发和恢复幼儿机体机能，起到唤醒作用，为其愉快展开一日活动做好铺垫。	1. 帮助幼儿养成早睡早起的习惯。 2. 按时来园，引导幼儿主动向教师鞠躬问好。 3. 鼓励幼儿少穿衣，要求幼儿自己背书包、放书包，积极参加晨间活动。	1. 炎热夏季里，幼儿园操场过晒、过热的话，可考虑幼儿一来园便吃早餐，暂停早锻炼。 2.《幼儿园工作规程》明确指出，正餐两餐间应间隔3.5-4小时。因此，幼儿园应考虑是否取消早锻炼或其他调整办法。
8:20 ｜ 8:50 早餐 自由活动	1. 保证幼儿获得均衡营养，满足幼儿生长发育的需要。 2. 在进餐中培养幼儿良好的生活卫生习惯。 3. 在自由活动中，幼儿选择自己喜爱的材料和同伴自主游戏，身心得到和谐发展。	1. 在家不随意添加辅食，鼓励幼儿在园吃早餐或在家吃正餐。 2. 多给幼儿创造交往机会，鼓励幼儿主动交朋友。 3. 幼儿在家学习自己收玩具，养成物归原处的习惯。	餐后允许幼儿在视线范围内自由玩耍（幼儿可自带玩具）。

续　表

时间/流程	教育价值	家长支持	提示
8:50 | 9:00 晨谈计划	1. 通过点名、看日历、谈论天气等内容，培养幼儿关心他人的情感，以及关注周围事物、了解自然现象等习惯。 2. 通过短时谈话，了解今天将要进行的事情，有利于帮助年龄偏小的幼儿形成安全感，有利于年龄较大幼儿对自己的一日活动形成规划和预期。	1. 每天与幼儿交谈20分钟，内容可以是同伴、天气，回顾分区游戏的感受等。 2. 谈话中注意眼神的交流，彼此保持目光平视。	教师不应忽视晨谈的座位安排，尽量可以环视到每一个幼儿。
9:00 | 10:00 区域活动	1. 通过做计划的环节，促使幼儿对未发生的事情进行想象，形成心理图像，发展幼儿的认知。 2. 通过与材料、环境的互动，帮助幼儿获得直接经验，构建对现实世界的新理解。 3. 体现幼儿的自我学习、自我探索、自我发现、自我完善。 4. 促进幼儿学习主动性、创造力、交往能力和持续探索能力的发展。 5. 通过回顾，帮助幼儿总结与环境材料、同伴和教师互动的经验。	1. 诚邀家长到班级当助教，了解幼儿的发展，提供适当帮助。 2. 关心班级区域需要补充什么材料，为班级做力所能及的事情，最终受益的是幼儿。	尽量保证1小时的活动时间。区域规划直接影响一日生活流程的组织与实施效果，因此要高度重视前期的区域规划。

续 表

时间/流程	教育价值	家长支持	提示
10:00 | 10:15 水果餐	1. 保证幼儿获得均衡营养,满足幼儿生长发育的需要。 2. 帮助幼儿养成喜欢吃各种水果的良好习惯。	1. 家庭中为幼儿提供品种多样的水果并养成吃水果的习惯。 2. 适时为幼儿讲解水果的营养价值。 3. 也可进行"分水果"等数学游戏,让数学活动生活化。	该环节可融入到承上启下的环节中,但环境的准备要到位,如固定的桌椅、自助取水果的餐具、水果的保鲜、区分吃过或没吃过的标签等。
10:15 | 11:00 户外活动	1. 通过户外活动帮助幼儿形成健康的体态、愉快的情绪、适应环境的能力,发展动作的平衡、协调、灵敏、力量和耐力等。 2. 发展幼儿的生活自理能力、安全意识、自我保护能力,初步培养规划意识等。	1. 书包里准备好更换的衣服。 2. 给孩子提供动手做事的机会,培养孩子独立自主的意识,增强自理能力。 3. 平时和节假日多带孩子参加户外体育活动。	炎热夏季里,幼儿园操场过晒、过热的,可与区域活动环节交换,即9点至10点户外活动。
11:30 | 12:30 午餐散步	1. 保证幼儿获得均衡的营养,满足幼儿生长发育的需要。 2. 学习饮食营养、饮食卫生、饮食方法、饮食礼仪等方面的知识,逐步养成良好的饮食习惯。 3. 确保幼儿情绪愉快,享受集体用餐的氛围。	鼓励幼儿独立吃饭,勿挑食,养成良好的进餐习惯。	1. 幼儿园安排一日生活时,应考虑小、中、大班各年龄的差异,如小班11:20用餐,中班11:30用餐,大班11:40用餐。 2. 幼儿园和家庭应努力营造愉快轻松进餐的氛围,尽量创设让幼儿自主取餐的环境和机制。

续 表

时间/流程	教育价值	家长支持	提示
12:30 | 14:30 午睡	1. 保证幼儿充足的睡眠,满足其生长发育的需要。 2. 穿脱及叠放衣服、起床叠被子等生活技能的获得和习惯的养成,可增强幼儿的自主性和自信心。	1. 引导幼儿在家练习穿脱衣服鞋袜,培养自理能力。 2. 培养幼儿坚持午睡,独立午睡。	午睡前是指导幼儿学习脱衣裤、鞋袜的良机。
14:30 | 15:30 起床 户外活动	1. 培养幼儿的生活自理能力,增强幼儿体质。 2. 带领幼儿亲近自然,呼吸新鲜空气。激发幼儿对体育运动的兴趣,发展幼儿的各项动作技能。	1. 按照教师提供的穿衣方法(照片),引导幼儿在家练习穿脱衣服鞋袜。 2. 巩固幼儿的盥洗等生活自理技能。	炎热夏季里,需要考虑活动时间延后的问题(延后到太阳照射不再如此火辣时)。
15:30 | 15:50 午点	1. 获得均衡营养,满足幼儿生长发育。 2. 幼儿有愉快进餐的情绪。	1. 有浓郁的进餐氛围,与幼儿一起共享健康营养的食品,并谈论有趣的事情。 2. 帮助幼儿养成不挑食的好习惯,提供机会让幼儿品尝各种杂粮及其他点心。	如果幼儿园过早地提供午点,待离园时幼儿会有饥饿感,过晚提供又会影响晚餐的食欲。
15:50 | 16:20 游戏或 教学活动	1. 在活动中培养情感、启迪智慧,促进幼儿对阅读、文字符号的兴趣。 2. 支持和满足幼儿通过感知、实际操作和亲身体验获取经验的需要。	1. 每天安排时间进行亲子阅读,培养幼儿阅读的乐趣以及爱护图书、物归原处的习惯。 2. 理解幼儿的发	此环节活动应根据不同的年龄特点作安排,如小班幼儿进行区域活动,中班幼儿进行小集体教学活动,大班幼儿进行小

续 表

时间/流程	教育价值	家长支持	提示
	3. 帮助幼儿养成积极主动、认真专注、敢于探索和尝试、乐于想象和创造等良好学习品质。	展是整体，而不应片面追求某一方面或几方面的发展。	组或个别指导教学活动（随着年龄增长，游戏时间适当减少）。
16:20 | 17:00 整理离园	1. 利用幼儿在园一日生活的最后一个环节，培养幼儿做事有始有终的好习惯。 2. 离园是幼儿从集体生活到家庭生活的过渡环节，引导幼儿把积极、愉快的情绪带到家庭中。 3. 离园是幼儿、教师、家长多方交流互动的环节，是师生沟通、建立情感的时机，更是家园联系的重要窗口。	1. 引导孩子收好玩具和自己背书包，主动跟老师道别。 2. 不与老师沟通太长时间，不在园里逗留，以免发生安全事故。 3. 与孩子分享幼儿园发生的事情，唤起积极情感，促进亲子关系。 4. 尽量按时接孩子，以免孩子焦虑。	小班幼儿离园前，教师应挨个检查幼儿的底裤是否被尿湿或粘有大便，检查乘坐校车的幼儿手中、口袋是否有利器物品。

注：幼儿园管理者在考虑"幼儿园一日生活安排表"时，要尊重季节特征。如秋冬季时安排早锻炼符合天气凉爽的实际情况，也与幼儿清晨"醒脑"的需求相吻合；而春夏季时则不建议安排早锻炼，并将早餐时间提前半小时，争取在9:00-10:00进行户外活动，同时要考虑幼儿进食后40分钟才能开展由轻微过渡到较大强度的运动。下午活动的安排同样要考虑气温，根据气温安排户外活动的适宜时段。

【资料2】小班幼儿入园前情况调查表

第一部分：幼儿情况

姓名		性别		常说何种语言	
出生年月		籍贯		户籍	
家庭住址					
药物或食物过敏情况（请勿隐瞒事实）		曾患重大疾病、做过何种手术、家族有何种遗传病（请勿隐瞒事实）		情况符合打"√"，不符打"×" ☐ 是否出现过发烧惊厥现象 ☐ 是否出现过类似"哮喘"现象 ☐ 其他情况：_____	
入园前主要照顾人		曾入何幼儿园		入读该园的总时间	

以下内容请家长按幼儿的实际情况打"√"（可以多项选择）

1. 生产情况
☐ 自然生产
☐ 剖腹生产

2. 进餐习惯
☐ 能独立在45分钟内进餐完毕
☐ 能独立完成，但时间超过45分钟
☐ 自己吃一半，成人喂一半
☐ 需成人喂饭
☐ 不会使用勺子

3. 饮食习惯
☐ 不挑食，不含饭
☐ 不挑食，但有含饭现象
☐ 只吃自己喜欢的东西
☐ 食欲较差
☐ 过敏的食物：_____
☐ 不吃的食物：_____

4. 午睡习惯
☐ 能按时独立入睡
☐ 需有成人或辅助物陪伴才能入睡
☐ 难入睡
☐ 没有午睡的习惯

5. 穿脱衣服情况：
☐ 能认识自己的衣裤，并正确穿脱
☐ 会穿脱，但分不清正反
☐ 会脱不会穿
☐ 会穿不会脱
☐ 不会穿脱

6. 穿脱鞋袜情况
☐ 能分清左右，并正确穿脱
☐ 会穿脱，但分不清左右
☐ 会穿但不会脱
☐ 会脱但不会穿
☐ 不会穿脱

续 表

7. 大小便自理情况
□ 能独立大、小便
□ 需成人陪同大、小便
□ 大、小便后需要成人帮助擦拭或提裤子
□ 玩耍时有尿裤子现象
□ 有尿床现象
8. 与同伴交往情况
□ 能主动找同伴玩
□ 喜欢与同伴玩，但玩的时间不长
□ 喜欢独自玩耍
□ 偶尔与同伴发生冲突
□ 经常与同伴发生冲突

9. 收拾玩具情况
□ 能自觉收拾好玩具
□ 在成人提醒下收拾玩具
□ 没有收拾玩具的习惯
10. 情绪自我管理情况
□ 发泄情绪的方式可以接受
□ 发起脾气来难以控制局面
□ 情绪非常不稳定

接幼儿离园时间表
（情况符合打"√"，不符请打"×"）

□ 第一周：11:30 接幼儿回家午睡
□ 第二周：12:30 午餐后接幼儿回家午睡
□ 第三周：15:00 接幼儿回家
□ 第四周及以后：16:00 接幼儿回家

第二部分：家庭情况

	姓名	年龄	文化程度	家园共育资源	有何特长
父亲					
母亲					

	姓名	年龄	文化程度	擅长或爱好	身体状况
祖父母					
外祖父母					

1. 您的家庭情况：（按实际情况打"√"）
□ 单亲家庭　□ 三口之家　□ 三口之家+保姆　□ 三代同堂
□ 三代同堂家+保姆　□ 其他：_____

续 表

2. 您每天陪伴孩子大约多少时间？
父亲_____小时　母亲_____小时

3. 您陪伴孩子的方法、内容及效果如何？
方法：

内容：

效果：

4. 您对孩子入园后的生活、学习有何期望？

5. 您期待孩子未来成为一个怎样的人？

6. 您怎么看待家长委员会组织？您会怎样支持幼儿园开展家园共育相关活动？

【资料3】家长助教倡议书

致家长们的一封信

尊敬的家长：

美国早在50多年前就在各学校（包括幼儿园）掀起了家长助教活动之风。何谓家长助教？即每个家庭中的爸爸或妈妈轮流到幼儿园里，和孩子、老师一起共度半天或一天的幼儿园生活。以便增进家园彼此的了解和感情，共同合力促进孩子的发展。

家长助教的目的与意义有如下几点：

1. 弥补目前不足的师幼比例。目前部分幼儿园的老师从早到晚一直在班级带班，几乎没有歇口气的时候，幼儿园还常常利用下班时间开会或开展教研活动。这样的作息时间不仅会滋长老师的职业倦怠感，还会阻碍老师的专业发展，令老师找不到职业幸福感。同时，2-3位老师面对数十个孩子也是心有余而力不足，难免会关注不到位。

2. 有助于孩子的社会性发展。幼儿园里目前只有老师和孩子，如果每天能够有1-2名家长进入班级，对于孩子的社会性发展显然是非常有利的。孩子在家长面前的表现要比在老师面前的表现更加自然、随和，一些不敢对老师说的话也敢于对家长表达。多次承担助教的家长，也会逐渐爱上更多的孩子，孩子们也会更加了解和喜欢这些家长。

3. 增进家长对幼儿园和老师真实情况的了解。目前幼儿园的家长开放日活动，或多或少伴有"导演"痕迹。如平常班上只有保育员和老师各一人，一到开放日这天，幼儿园和老师们为了减少家长的意见，自觉地三人一起带班。这半天活动的每个环节也是经过精心设计、细致安排，可是其余每一天的活动并不都做到如此精心和细致。

4. 促进教师快速成长途径。班里出现家长助教的身影，老师的言行举止自然会十分地注意，教育行为也会更加符合孩子的需要。如不会轻易地看手机，不再大声训斥孩子，尽量关注更多的孩子等。总之，老师工作的状态会更加自觉自愿、积极主动。

5. 提高孩子在园的生活质量。班里成人数量的增加，意味着对孩子的关注也随之增强。如孩子用餐时，一位成人照顾1-2张饭桌上就餐的孩子会远比一位老师照顾3-4张饭桌上就餐的孩子更加仔细,更有助于孩子就餐礼仪和习惯的培养。

我们深信,孩子也会享受这些特别的日子,或许他们非常黏人,或许会撒娇,或许会不停地表现自己,或许会与同伴发生矛盾,或许会自己解决一些问题。无论孩子们有怎样的表现,都是天性和童趣,童年是唯一的!需要我们一起呵护。让我们一起努力由原来的"控制孩子,不准孩子做这做那",转变为"尽量创造条件让孩子做这做那,多想想我们可以为孩子多做点什么而不是控制什么"。

我们深信,在这样开放的状态中,班级会出现一些您平常看不到的问题,但发现问题总比隐藏、包庇问题更进步,何况解决问题的方法总是比问题多。期待家长们用积极、主动的状态投入到有实质作用的家园共育中去,最终受益的是家庭和幼儿园双方。

我们倡议,每学期每个家庭中的爸爸或妈妈(实在安排不过来的话可以由祖辈、阿姨等参与)至少参与班级家长助教活动一次,我们也鼓励有时间的家长多次参与助教活动。

具体事项将在全园举办的"家长助教培训会"上一一说明。

感谢您在百忙中读完本倡议书,并请填写以下回执,于×年×月×日交回班级。

回执

班级_____ 幼儿姓名_____

请在以下任意一个括号里打"√",打两个"√"将视为废票。

☐ 响应幼儿园倡议　☐ 暂不响应幼儿倡议

本调查如达到全园人数的55%以上,则视为大部分家长响应本活动,家长助教活动将如期进行安排。

再次感谢您的支持与配合!

××幼儿园
×年×月×日

【资料4】幼儿园的家长助教制度

一、建立家长助教制度

1. 在小、中、大班各选定1个班级作为实验班进行试点。
2. 召集实验班家长参加"家长助教"专题培训会议,会议内容包括助教的目的与意义、助教细则、助教规范流程等。
3. 由实验班教师选定10名左右的家长先参与家长助教活动。
4. 助教活动开展一个月后,实验班教师组织全体家长参与"家长助教座谈会",邀请已经参加过助教活动的家长谈感受(教师需事先了解家长的参与感受),在现场让还没有参与助教活动的家长报名。
5. 学期末召开"家长助教总结会",并邀请家委会主任发起讨论:是否用家长助教活动取代家长开放日。

二、建立家长助教档案

1. 设计家长助教体验反馈表,邀请参加过的家长认真填写。
2. 以班级为单位设立家长助教档案袋(或本)。
3. 委托家委会的家长每周来园一次管理档案,教师与家长一起收集整理意见,并及时回复批注。
4. 在学期末的总结会上将档案展示给班级全体家长,呈现一学期来的成果并由衷感谢全体家长的支持与付出。

三、开展家长助教活动的注意事项

1. 幼儿园园长应召开"家长助教动员大会",并征求教职员工的相关合理建议。
2. 根据自己幼儿园的情况完善《家长助教制度》、《家长助教细则》、《家长助教倡议书》、《家长助教岗位表》、《家长助教反馈表》等文档资料。
3. 教师对全班幼儿要努力做到一视同仁。
4. 各班教师间的工作既有明显分工又有密切合作。
5. 园长本着不怕暴露幼儿园目前存在问题的态度,真诚地邀请家

长参与幼儿园各项工作的管理,与家长共同面对各种问题,积极解决各种问题。

四、对家长助教的十项要求

1. 报名方式:每学期开学初,家长们在"家长园地"墙面上自愿填写可以参与助教活动的具体时间。时间如有变动,应主动与班级教师沟通。

2. 每学期每位幼儿的爸爸或妈妈至少来园做助教1次,最多次数不限,每天有1-2名家长进班,促进家园共育。

3. 每学期由年级组长或班主任向家长助教进行集体培训1-2次。

4. 家长助教来园时需穿休闲装、休闲鞋,并向保育老师索家长助教制服穿上,使幼儿逐渐明白"只有穿助教服的家长才可以长时间留在班级"。

5. 承担助教工作的家长,须提前在班级门口的"家长园地"报名,并查看《本周周计划安排表》,了解当日活动流程安排。

6. 家长助教分A、B角色,需提前熟知《家长助教站位参照表》。

7. 家长助教进入班级,需客观观察和评价包括自家孩子在内的全体幼儿,不妄加评论和传播自己的所见所闻。观察到幼儿的不足时,可与教师一起制定适合幼儿发展的计划。

8. 家长助教需留心观察教师与幼儿互动的态度与方法,并将先进的教育行为带到家庭中去,切实达到家园共同学习和成长的目的。

9. 如遇节假日,家长助教可准备与节日相关的学习内容带给幼儿,如在"劳动节"介绍不同的职业;在"科技节"表演科学小实验;在"地球日"传递环保知识等。

10. 半日助教工作结束时,家长需填写反馈表。期待家长提出宝贵的具有建设性的意见或建议。

五、家长助教站位参照表

时间	流程	AB角	A角	B角
8:00 | 8:15	来园晨间锻炼	1. 在家吃早餐 2. 将随身携带的物品交给班级生活老师（锁在柜子里） 3. 与幼儿一起进行晨间锻炼	1. 在幼儿做早操时，关注第3列纵队幼儿的情绪等情况 2. 返回教室途中，站在队伍的尾端 3. 回到教室后，留在走廊关注叠放衣物的幼儿	1. 在幼儿做早操时，关注第4列纵队幼儿的情绪等情况 2. 返回教室的途中，站在队伍的中间 3. 回到教室后，带领动作慢的幼儿去洗手
8:15 | 8:40	早餐自由活动	1. 勿来回走动 2. 保持宁静的氛围 3. 勿轻易给幼儿喂饭 4. 如果幼儿不慎打翻饭菜可提醒他自己取抹布收拾 5. 与幼儿交谈时宜蹲着或坐着	1. 在美工区就座，提醒用完餐的幼儿先清理自己的桌面、推椅子、送餐具和漱口 2. 当2/3的幼儿用餐完毕时，帮忙收拾桌子	1. 在操作区就座，提醒用完餐的幼儿先清理自己的桌面、推椅子、送餐具和漱口 2. 当2/3的幼儿用餐完毕时，帮忙收拾桌子或协助教师准备材料
8:40 | 9:50	学习活动	1. 了解小组和个别教学的形式 2. 区域活动结束后，在自己监管的区域和幼儿一起收拾材料 3. 参与回顾区域活动的环节	1. 在阅读区里读故事（指定书目） 2. 和娃娃家的幼儿一起游戏、收拾物品 3. 区域回顾时，将发言幼儿的名字和发言内容记录在《家长助教》本上	1. 在生活区指导幼儿正确使用工具 2. 学习活动结束时，站在洗手间门口提醒幼儿喝水 3. 区域回顾时，与生活老师一起准备水果餐

续表

时间	流程	AB角	A角	B角
9:50—10:00	水果餐	关注动作慢的幼儿	在洗手间关注幼儿洗手情况	在美工区关注幼儿吃水果的情况
10:00—10:05	团体律动	关注动作慢的幼儿	播放和关闭播放器	关注好动且有攻击性行为的幼儿
10:05—11:05	户外活动	1. 户外活动前提醒幼儿减衣服 2. 关注活动中临时要小便的幼儿	1. 关注男孩们的出汗情况 2. 站在队伍的尾端 3. 找2名幼儿聊天并记录内容 4. 留在走廊支持幼儿晒衣物	1. 关注女孩们的出汗情况 2. 站在队伍的中间 3. 与2名幼儿聊天并记录内容 4. 关注女孩们的喝水情况
11:00—11:30	回顾文学欣赏	关注动作慢的幼儿	1. 坐在幼儿队伍的左后方 2. 结束时关注幼儿的洗手情况	协助生活老师分餐
11:30—12:00	午餐自由活动	关注用餐慢的幼儿	3. 同早餐要求	同早餐要求
12:10	离园	1. 需在《家长助教留言》本上留下宝贵的建议或感受 2. 脱下家长助教制服并交给生活老师,与幼儿道别		

六、家长助教与幼儿聊天的话题参考

×××小朋友,你好!我可以跟你聊聊天吗?

1. 你喜欢上幼儿园吗?为什么?
2. 你喜欢班上的老师吗?为什么?
3. 你最喜欢幼儿园的什么活动?为什么?

4. 你最不喜欢做的事情是什么？为什么？
5. 你最喜欢你家里的什么人？为什么？
6. 如果你的话别人不听,你会怎么办？
7. 如果别人打了你,你会怎么办？
8. 你有几个好朋友,他们都是谁？
9. 遇到不喜欢吃的饭菜,你有什么想法？
10. 你最喜欢去哪个区域里玩？为什么？
11. 你们家里,有好吃的东西时先给谁吃的？为什么？
12. 如果你有一对翅膀,你想干什么？
13. 如果你最喜欢的玩具在别人手里,你会怎么办？
14. 晚上你是自己一个人睡觉吗？（或你打算什么时候自己睡呢?）
15. 你喜欢老师去家里家访吗？为什么？
16. 你听过很多的故事,你最喜欢哪个故事？为什么？
17. 周末的时候,你最想干什么事情？
18. 爸爸妈妈会不会生气？他们生气的时候你是怎么想的？
19. 如果你生气了,你会怎么做？

……

谢谢×××小朋友,跟你聊天我很开心,打扰你了,对不起!

七、家长助教报名表

样例1（以第一周为例）

周次	具体日期	幼儿姓名	幼儿对您的称谓	您在幼儿面前擅长的事
第1周	月 日	×××	妈妈	讲故事
	月 日	×××	爸爸	烹饪
	月 日	×××	爷爷	打太极拳
	月 日	×××	奶奶	哄孩子
	月 日	×××	姑姑	和孩子一起玩

样例2

填表说明：请各位家长提前1周填写此表。欢迎各位家长积极担任家长助教，优化目前的师生比，提高孩子在园的一日生活质量。"家长助教制"将取代"家长开放日"。感谢各位家长的大力支持与合作！

幼儿姓名	家长姓名	关系	助教时间	助教特长内容
×××	×××	母子	×年×月×日上午 8:00-13:00	烹饪：三明治……

助教准备：自备可供全班幼儿品尝的食材；选4名参与烹饪的幼儿。
园方准备：烹饪地点、烹饪所用的餐具及工具（餐具，口罩、手套、围裙、帽子等）。

二、小班上学期主题：我们是一家人

（一）家长会计划

1. 会议时间

    月：10月

    日：第二周的周五

    时：晚上19:15-21:15

2. 会议准备

    （1）会场布置：将桌椅摆放成既适合小组讨论又适合游戏的位置；制作家长小组牌四张（草莓组、苹果组、荔枝组、香蕉组）及家园联系卡（幼儿的小名、父母的QQ和微信号、家庭住址等，见资料附件）；提供茶水及标有爱心号码的一次性纸杯（使用后可留在美工区作为手工材料）。

    （2）PPT《我们是一家人》*、故事《石头汤》；背景音乐；确保多媒体设备可以正常使用。

    （3）邀请家委会的家长义工参与家长会的准备工作，尤其要将家长会的整个流程共同商议一次，收集有建设性的意见。对于重要的观点和关键性的环节要指定某位家长在家长会现场与教师正面地、积极地互动。

    （4）班主任召开并主持班会，安排家长会中其他教师的具体分工与合作。

    （5）提前两周通知所在班级的全体家长参加家长会的具体时间。

3. 会议分工

    （1）班主任主讲（主持），副班主任负责签到、家园联系卡的核对和制作、音乐准备。

    （2）生活老师负责现场拍照（事先为相机充电）、发放白纸和笔、解决家长的饮水问题。

    （3）全班教师共同布置家长会主题环境。

4. 会议流程

    （1）相互认识。

    （2）游戏：①看见的一定是事实吗；②解结。

(3) 分享幼儿现阶段情况。

(4) 热门话题讨论。

(5) 观看故事《石头汤》。

(6) 家委会成员就职演说。

(7) 全体家长合影。

（二）家长会实战

【开场】各位家长晚上好！请允许我代表幼儿园和班级全体老师对你们的准时到来表示最热烈的欢迎和最诚挚的感谢！先跟我一起认识我们班可爱的天使们吧。

1. 相互认识

(1) 目的。

为初次见面的家长们创造认识每一位幼儿的机会，营造班级大爱的氛围。

(2) 方法。

教师依次播放 PPT，当某位幼儿的照片出现在大屏幕时，该幼儿的家长起身向人家热情地挥挥臂膀，并按格式进行简短的自我介绍。自我介绍的句式在会前让家长熟知，可事前放于家长微信群内。

> 我是_____家长家长，在_____（单位）工作，能为孩子们提供_____参观（或当助教或提供玩具）的服务。

2. 快乐游戏

(1) 游戏：看见的一定是事实吗。

★ 游戏目的

通过游戏体会"亲眼所见的的确是事实，但由于每个人的理解差异会导致对所看见的片段有不同的表达"，继而深刻反思如果断章取义或者演绎事实，会对事情的真相产生曲解并导致误会。

★ 游戏方法

请会场三分之一的家长参与此游戏，到台前向左或向右站成一横排。站在身后的家长拍自己的肩膀时便转身与拍肩膀的人面对面站立，仔细观看拍肩人所做的动作,将自己理解和学习的动作继续传给站在前面的家长。

游戏开始时,由主持人拍第一位家长的肩膀,出示写有"美人鱼飞上月宫"字样的卡片,或凑到第一位家长耳边轻声说:"请你做一个美人鱼飞上月宫的动作。"第一位家长开始思考用怎样的肢体动作表现出来,并传递给第二位家长,依次进行,直到最后一位家长。

主持人一一确定家长们都明白游戏玩法时,向站成一排的家长发出向右或向左转的口令。

★ 游戏规则

只能用动作传递信息,不能说话也不能动口型;游戏过程中如果没有人拍自己的肩膀就不能随意转头或转身。

★ 游戏图示

【步骤1】三分之一的家长站立在台前较空阔的位置,排成一横排。

【步骤2】家长根据主持人的口令向左转(或向右转)。

【步骤3】 主持人拍第一位家长的肩膀,被拍肩膀的家长转身,两人面对面站立。

【步骤4】 主持人轻声告知:"请做一个美人鱼飞到月亮上去的动作。"(或出示字卡"美人鱼飞上月宫")

【步骤5】 第一位家长拍自己前方家长的肩膀,待其转身后,用动作表达"美人鱼飞上月宫"的意思。

【步骤6】每位家长都将会被后面的人拍肩膀,被拍到肩膀后转身,一边看对方的动作一边努力理解对方所要表达的意思,再转身把自己理解的意思用动作表达给前面的人。

【步骤7】动作传递至队列最后一人。

【步骤8】主持人邀请最后一位家长用一句话表达自己对动作的理解。再请每一位游戏者一一表达自己对动作的理解。

★ 提炼游戏寓意

【导语】在游戏过程中,您有哪些担忧呢?

家长1:我有点紧张,因为我怕自己的动作做得不好,别人看不懂。

家长2:我感觉不管是什么动作被传了很多人以后,就会变形。

家长3:我已经很认真地模仿动作了,但还是跟前面的动作有误差。

家长4:这个游戏让我看到了"演绎",生活中很多事情被演绎以后与事实相差很大,所以"演绎"是一个可怕的东西。

【导语】现在从最后一位家长到第一位家长逐一确认:刚才您前面的家长所做的动作是不是您亲眼所见的?(待每位家长都确定是自己亲眼所见的之后再追问)那后面的家长传递给您的动作的意思是什么?请您用一句话表达出您对动作的理解。

是啊,不仅是自己亲眼所见到的动作,而且每位家长还很努力地理解前一位家长所要传达的肢体动作的意思。那为什么每位家长表达的意思各不相同呢?因为每个人的理解不同,导致用肢体动作进行的表达也不同。每个人的动作您是否都看到了?正因为没有看到所有过程,只看到某一个人的动作,才导致了后面的误差,这是否可以叫"断章取义",或"演绎事实"呢?

正如×××家长所说,我们日常生活中的很多事情都是亲眼所见的,但由于看不到事情的全部经过,再加上每个人的理解不同,被"演绎"的事实结果就会不同。孩子在幼儿园的三年中将和我们朝夕相处,相处的过程中类似这项游戏结果的事情可能时有发生,您可能的确看到了自己孩子或其他孩子的某个真实情景,但也有可能这只是完整情景中的某个片段。如果老师忙于处理各种误会事件,必定要花很多精力和时间,照顾孩子、发展孩子的时间和精力自然就会被削减。我们期待家长来幼儿园或打电话了解事情的全部过程,也请家长本着"大事化小,小事化了"的宗旨,确保我们的精力放在孩子的发展上。

亲爱的家长们,想不想让孩子在幼儿园的每一天都快乐、健康?

家长1:想,太想啦!(事先安排家长回应)

【导语】请接受我们郑重地拜托:拜托家长们和我们愉快地相处三年,以保证孩子的每一天都充满快乐和阳光,拜托啦!(深深鞠躬)

家长2：我是公司的管理人员，也常要花很多精力解决员工之间的矛盾，的确是得不偿失的劳动。为了孩子们的健康成长，我们彼此应该多点信任和理解，最终受益的还是我们的孩子。大家说对不对？（事先安排家长回应）

（2）游戏：解结。

★ 游戏目的

通过游戏体会团队的重要性，理解心理环境对人产生的影响，强化"解铃还须系铃人"的道理。

★ 游戏方法

邀请没有参加上一个游戏的其余三分之二家人起立参加游戏，在面前空阔的位置快速地手牵手站成两个圆圈。在主持人的提示下，记住自己的左手牵的是哪位家长、自己的右手牵的是哪位家长。待大家都确认无误，主持人请家长们松开彼此牵着的手。主持人将站成圈的家长进行位置互换（面对面站着的"十"字位置上的四位家长互相交换位置，再将左边的家长与右边的某几位家长交换位置）。主持人提醒家长双脚可向圈内移动半步，再牵回最初左右两边家长的手。

游戏开始，家长们在手不能松开的情况下，利用身体的移动，如跨过他人、绕过他人、自转等方法一一解开这些用手造就的"结"，使圈上的每一个人都能够回到最初的站圈位置（即恢复成最初的圆圈站位）。游戏结束后，家长站成两个半圆形，分享感受。

★ 游戏规则

在解"结"的过程中，任何人的手不可以松开。

★ 游戏图示

【步骤1】没有做过游戏的其余三分之二的家长全部站上来，手拉手站成两个人数相等的圈，分成两组。

【步骤2】主持人请大家用30秒钟时间记住自己的左手和右手分别拉着谁。

【步骤3】待记住后将手松开,主持人将家长的位置打乱("十"字位置上的人互换,然后再左右错一错位置)。

【步骤4】换位后,主持人提醒大家将双脚向圆心方向迈半步,找到最初左右两边的人,左右手拉起最初的手。

【步骤5】两组人开始比赛,看哪组人先解开"结",注意牵着的手自始至终不能松开。

【步骤6】主持人仔细观察每组游戏者的状态。

【步骤7】主持人可用小纸条记录游戏中积极主动的场景。

【步骤8】将所有的"结"解开,回到一开始手拉手的大圈站位样子。

【步骤9】主持人请两组游戏者谈感受,总结和提炼游戏价值,最后予以郑重的拜托。

★ 提炼游戏寓意

【导语】各位家长,我们现在来分享游戏感受。让游戏成功需要解决一个什么样的主要问题?(解结)解决这个问题的时候用了哪些方法?(跨过他人,绕过他人,自转等)在解结过程中有没有某位家长在指挥?(有)这个自愿指挥大家的家长就是刚才游戏中出现的领袖,让我们把掌声送给她(他)。

接下来,请两个组的家长代表分别谈谈游戏中的感受。

家长1:一开始我们也挺乱的,被这么多的"结"搞得挺慌乱。还好,×××家长提醒大家,要按顺序来解结,不要慌。

家长2:我感觉一开始是没有信心能解开这么多"结"的,但是,团队里出现了×××家长指挥大家时,感觉我们的领导就自然产生了,他会指引大家怎么做。

家长3:我认为一开始的聆听很重要,如果有人拉错手了,这个"结"就永远解不开了。还有彼此的配合很重要。

家长4：我们圈上的×××家长一直在指挥大家怎么解开"结"，感觉只要有领袖的带领，成功就离我们不远了。

【导语】这个游戏坚定了我们对团队的认可度，我们都是团队里的重要成员之一，团队里无论出现什么样的问题，问题只有一个，办法却是无限的。所以，需要每一个队员从容地面对。都说中国人最喜欢"投诉"，因为它能解一时之气，但是"投诉"并不能动之以情、晓之以理地将问题解决，因为"解铃还须系铃人"。希望在以后数千个日子里，我们牢记游戏背后更深的意义：心理环境对人的影响是不可估量的。

（全班教师手拉手站一排）亲爱的家长们，借此机会请再次接受我们郑重地拜托（深深鞠躬），拜托各位在这三年的相处中，让我们彼此间多一些理解和信赖，保证我们班做到"零投诉"，我们会非常努力地工作（此处可展现代表"正能量"的行为）。

3. 分享幼儿现阶段情况

【导语】孩子入园才一个多月，这个月我们对孩子几乎没有要求。这样做是为了"放纵"孩子原有的习惯，接纳孩子现有的状态，以此帮助孩子建立安全感和归宿感，让孩子在短时间里就能喜欢上幼儿园、喜欢老师。一个多月来，孩子与老师有了一定的感情基础，比较依赖老师。一个月的过渡期结束了，本月开始我们会对孩子逐渐提出要求。下面老师将对我们班孩子一个多月来生活自理方面的现状进行简短的分析。

（1）就餐情况。

① 邀请家长观看一段9月拍摄的幼儿进餐的视频（这段视频没有经过修饰，完全呈现幼儿的自然状态）。

【导语】目前我们班孩子的进餐现状如下：需全程喂饭的有8人，能独立吃饭的仅有5人，自己吃一半老师喂一半的有17人，其中有的孩子没有吃饭就离开座位，也有孩子发呆、嘴里含饭。大多数的孩子挑食比较严重，在用餐时需要老师帮助的有25人。

孩子吃饭的种种现状不是一朝一夕形成的。其实，早在2岁左右，孩子就很希望能自己动手吃饭，但是做家长的因为担心孩子弄得满身、满地都是而剥夺了他们的权利。如今，你们感觉孩子长大了，应该自己吃饭了，但孩子

已经养成了被人喂饭的习惯,他们会困惑:我生来就有人喂饭吃的,为什么要自己吃呢。

② 邀请家长共同讨论:

- 孩子目前吃饭的困难有哪些?
- 您认为是如何造成的?
- 您认为家庭可以如何改善或调整?幼儿园可以配合做些什么努力?

【导语】家长们提出的办法都非常好,与此同时在家里还要给孩子建立吃零食的规矩。建议准备一个透明的、带锁的玻璃柜,再带孩子去商场挑选四种零食,首先是孩子最爱的糖果和饼类,其次是饮料,然后是干果,干果是有益于健康的零食。与孩子一起商讨什么时候吃,可以问孩子:"餐前吃只能吃1个,餐后可以吃2个。你选哪个时间吃呢?"关于一天吃几次,可以告诉孩子:"周一至周五因为大部分时间在幼儿园,回家后只能吃1次,周六周日大部分时间在家中度过,可以吃2次。"关于吃多少量,可以告诉孩子:"周一至周五只能选择2种,每种只能吃1个,周六周日也是只能选择2种,但每种可以吃2个。"让孩子有规矩地吃零食,有助于他们良好进餐习惯的养成。

(2) 午睡情况。

① 邀请家长观看一段9月拍摄的幼儿午睡视频。

【导语】我们班里可以独立入睡的孩子8人,其他孩子的入睡都有些困难,其中7个孩子需要老师守着才能睡,普遍醒得比较早。

我们班是两位老师轮流守午睡,每个时段只是一位老师,班级有7个孩子需要老师守着睡的话,时间上不允许,平均每个孩子守10分钟就得1个多小时,守到最后差不多该起床了。

② 邀请家长共同讨论:

- 孩子目前午睡困难的主要问题是什么?
- 您认为可以如何避免?
- 你们小组可以贡献什么策略或资源?

【导语】孩子入睡难的主要原因是不能自觉地闭上双眼,因为幼儿园午睡环境不如家里昏暗和安静,为了让空气保持流通边不能把门窗和窗帘关得太封闭。上届孩子采取的办法是每个孩子每学期里准备两个写有名字的眼罩,在入睡时戴上自己的眼罩。

现在我们用几分钟时间请各位家长发表各自的意见：一种是认同孩子在有限的 2 小时内慢慢入睡甚至没有睡觉也没有关系；另一种是希望孩子在有限的时间里快速入睡，保证下午有充足的精力参与活动，希望给出促进幼儿快速睡眠的办法。

根据大家的讨论意见，大部分家长赞同用眼罩，个别家长反对用眼罩。两种意见我们都接纳，只是请不同意孩子使用眼罩的家长也要给孩子准备一个眼罩，满足 3 岁左右孩子的占有欲（我的东西是我的，别人的东西也是我的），避免发生争抢。针对孩子醒来后无聊的状况，我们决定只要到了中午 2 点钟就允许他们陆续起床，如果不让孩子起床他们就会翻来覆去形成一些不良习惯，且容易感冒。老师会利用这个时段一对一地教孩子学习穿衣服的方法。

（3）大小便情况。

① 介绍本班幼儿如厕的现状。

【导语】在幼儿园里"生活即课程"，就是说孩子在园的吃、喝、拉撒、睡都是课程。目前我们班孩子大小便的情况是……

② 展示信息：日本、美国的孩子一岁半开始学习擦屁股的方法。

③ 家长自查：各小组有多少孩子能够独立地擦屁股？

④ 讨论交流：用什么样的方法让孩子事半功倍地学习擦屁股？

【导语】如果到了入冬时节（深圳的冬天来得比较迟），以上现状还没有得到改善，情况会非常严峻，孩子容易着凉、腹泻等。恳请家长们一定要把孩子学会如厕当作重要的项目来抓。首先要让孩子有自理如厕的机会，切莫再为孩子端屎端尿；然后教孩子正确地擦屁股、提裤子的方法。本学期的课程也是围绕这些内容进行的，但需要家园齐努力。发放给家长的会议资料里有一份《生活课程安排表》，敬请仔细阅读并放在手边随时关注。

⑤ 提供《生活课程安排表》

【导语】为了保护孩子的自尊心和成就感，此安排表从班级年龄最大的孩子到年龄最小的孩子依次排列。请家长们密切关注并及时给孩子巩固和复习的机会，在练习过程中请给予孩子足够的耐心。

幼儿姓名	日期	具体时间	生活课程内容	负责老师
××× ×××	10月17-21日	分区活动前	大便自理	×××
××× ×××	10月24-28日	分区活动前	大便自理	×××
××× ×××	10月31-11月4日	午睡前	小便自理	×××
××× ×××	11月7-11日	午餐前	正确洗手	×××
××× ×××	11月14-18日	午餐前	正确洗手	×××
××× ×××	11月18-25日	分区活动前	大便自理	×××
××× ×××	11月28-12月2日	午睡前	脱衣裤	×××
××× ×××	12月4-8日	午睡后	穿衣裤	×××
××× ×××	12月11-15日	午睡前	脱袜子	×××
××× ×××	11月18-22日	午睡后	穿袜子	×××
××× ×××	11月25-29日	午餐后	清理自己的桌面	×××
××× ×××	12月2-6日	—	—	

(4) 穿、脱衣服的情况。

【导语】能够完全自己独立地穿衣服的有8人,独立脱衣服的有15人(包括衣服反着脱的),会穿鞋子的有6人(包括左右鞋子反着穿的),不习惯穿内裤的有5人。

穿脱衣服的现状同样令我们担忧,道理不多讲,我们已经将正确穿脱衣服的步骤照片传到QQ空间和微信群里,请家长有计划地进行个别辅导。特别提醒不穿内裤的孩子,午睡时若光着屁股睡觉,不利于生殖器的卫生,也有可能给孩子的心理健康带来不良的影响。

4. 讨论话题

【导语】接下来,邀请四个小组的家长就以下两个问题同时进行讨论(问题写在大张白纸上,在会前放置与各个桌面上),讨论时间 10 – 15 分钟。每组需要派一名代表上台分享,汇报时间 3 分钟。

① 小组讨论。

讨 论 话 题	讨论结果
话题 1 • 如果您的孩子在幼儿园被同伴抓伤了,或打了,您的感受是怎样的? • 我们班级准备建立"孩子打了别人并留下伤痕的话,应该由家长带着登门道歉"的制度,您是否同意?为什么?	
话题 2 • 孩子上幼儿园后为什么生病变得频繁?可能由哪些因素造成? • 怎样减少孩子生病?家庭和幼儿园分别要做些什么?	

② 小组汇报。

家长 1:我们小组的家长一致认为,孩子在幼儿园被同学打或打同学都很正常,因为孩子沟通能力和解决问题的方法欠缺,所以我们要接纳这个行为。当然,作为父母会心疼孩子,但我认为孩子经受磨砺或许也是一件了不起的经历。我们赞同家长要带孩子登门道歉,这个道歉的过程会比较麻烦和辛苦,但正因为这些麻烦和辛苦可以让孩子体会深刻,才会从内心觉得打人其实不好玩还很麻烦。(对话题 1 的汇报)

【导语】家长们有着先进的儿童观和教育行为,令我们感到自豪和骄傲。孩子在幼儿园打同学或被同学打真是很难避免,也是我们彼此不愿意看到的事情。登门道歉这一做法已实施了好几届,收到了良好的效果。尤其经过多次登门道歉后,孩子感受到麻烦便有了自我控制的动力,大概在第二学期或第三学期停止了打人行为。当然,仅用这一个举措还不够,会后个别家长可以跟我们老师个别沟通。为进一步达成共识,还请大家举手表决通过此举措。

小贴士

家园协同改善幼儿攻击性行为的方法参考

1. 每天让幼儿提前30分钟起床,家长陪同在小区里跑步或踢球,以此消耗其部分体力。
2. 每晚家长陪着幼儿在小区里运动40分钟。
3. 家长通过亲子游戏和对话,对幼儿加以引导。

例如:家长拿新买的玩具假装玩耍

孩子:"爸爸,你什么时候买的新玩具呀?"

爸爸:"才买的。"

孩子:"我想玩。"

爸爸:"那你要想办法说到爸爸愿意给你玩。"

爸爸引导幼儿用恳求的语气与自己对话。还要经常告诉孩子,别人不愿意将手里的玩具给你是正常的,就像你也不会给别人玩自己的玩具。

4. 家中备些可锻炼幼儿耐心的玩具,如穿珠子、穿项链、绣花、拧螺丝等。

家长2:我们觉得孩子上了幼儿园总生病,主要是老师的照顾不如在家里那么细致。不过,孩子一生病,全家人会被折腾得不得安宁,所以,我们也很怕孩子生病。希望老师支招,让孩子少生病。(对话题2的汇报)

【导语】需要跟家长们补充几点孩子总生病的原因:一是孩子从家庭来到幼儿园这个集体,照顾由精细变得粗糙;二是孩子从家庭来到幼儿园,交叉感染的几率增加了无数倍,每时每刻班级里的成人和孩子都是带菌者,难以避免;三是孩子的饮食也发生了变化;四是孩子有一定的焦虑感,影响其身体的免疫力。这些都是让3-4岁的孩子难以抵抗疾病的主要原因。

看到孩子们陆续生病,我们也很担忧。我们加班加点创设优质的生活环境,一心希望孩子每天能够在幼儿园享受每分每秒,但是,有的孩子一个月上不了几天幼儿园就生病了。

除了以上原因,我们认为还有一个容易被忽视的重要的因素,那就是家长更重视对孩子的保育工作,轻视了孩子的体育锻炼。不能离开"保护伞"的孩子就好比不能离开温室的花朵。因此,在提高孩子自理能力的同时一定要保证他们每天30分钟的体育运动。抗病能力增强了,即使偶尔出现照顾不周,也不会成为对孩子健康的威胁。

5. **邀请家长观看故事《石头汤》,体会"众人拾柴火焰高"的道理**

① 观看故事《石头汤》。

【讲稿参考】

这三个和尚的名字叫阿福、阿禄、阿寿。他们正在旅行的路途中,边走边谈着猫的胡须、太阳的颜色和一个人怎样才能得到快乐。

临近黄昏,他们来到了一个村子。这是一个历经了很多苦难的村子:洪水、战争,村民们疲惫不堪,对这个世界再也没有信心,对生活再也没有热情。别说和陌生人交往,邻居之间也彼此猜忌,缺乏信任。村子里有农民、茶商、读书人、裁缝、医生、木匠,他们当然都有工作,但是都只是为自己,所以不快乐。没有人理睬走进村子的和尚,没有人欢迎阿福、阿禄和阿寿,家家的窗户都关得紧紧的。他们敲谁家的门,谁家就干脆关了灯,假装家里根本就没有人或者睡觉了。"这些人不懂得什么是快乐。"三个和尚异口同声地说。

大和尚阿寿说:"可是今天,我要让他们见识一下怎么煮石头汤。"他们捡来了小树枝,升起火,把小汤锅架在火上,在锅里装满了从井中打来的水。一个小姑娘看见了,她问:"你们要干什么呀?""我们要煮石头汤,还得要找三个又圆又滑的大石头。"阿寿说。小姑娘帮和尚们在院子里找到了他们所要的石头,他们把石头放在锅子里煮。"这几块石头可以煮出好喝的汤。"阿寿说,"但是我担心锅子太小,煮的汤不够喝。""我妈妈有个大锅子。"小姑娘说。小姑娘就跑回去跟妈妈说了这件事,她妈妈竟然答应了,而且还说:"我特别想学学怎么煮石头汤。"原来,哪怕是在一个已经没有热情的村子里,也是有这样的小姑娘;哪怕是对生活没有了信心,其实心头总还是有一点可以被点亮的热情。

小姑娘把大锅推到了村子中央,和尚们点燃了篝火,青烟飘散开来,和尚们翻动着锅中的石头。躲在窗子后面没有信心和热情的人们,终于打开房门走出了屋子,他们都要看一看这石头汤是什么。正在搅动石头汤的阿福说:"如果加上了盐和胡椒粉,石头汤才好喝呢。"一个眼睛睁得大大的、看得津津有味的读书人立即说:"我家里有。"赶紧跑回去取了来。石头汤里加进了盐和胡椒粉。阿寿尝了尝味道说:"照我们的经验,这么大锅的石头汤,如果加上一些胡萝卜,那么汤会更甜。""胡萝卜?我家里有。"一个农民跑回家取来了胡萝卜。"哎,再加些蘑菇呢?"蘑菇也被取了来,更多的人顺便带来了面条、豌豆和包心菜。

当每个人打开心胸付出的时候,其他人付出的更多。就这样,汤锅里的东西越来越多,饺子、豆腐、银耳、绿豆、芋头、冬瓜、大蒜、百合,人们甚至喊着:"应该加一点儿酱油。"和尚们搅动着锅里"咕嘟咕嘟"冒泡的汤,心里感触地想着:多么香啊,多么美味啊,村里的人多么懂得付出啊。汤煮好了。村子里的人聚集在一起,他们带来了白米饭、馒头,他们提来了茶水和灯笼,在记忆里,他们从来没有像现在这样聚在一起享用过大餐。盛宴过后,他们说故事、唱歌,一直到深夜。他们不再锁上门,而是纷纷热情地邀请和尚们到家里去住,让他们睡得非常舒服。

一个温暖的春天的早晨,大家依依不舍地送别阿福、阿禄和阿寿。"谢谢你们让我们来做客,你们是最大方的人。"和尚们说。"应该谢谢你们,是你们让我们懂得了分享,有了永远的富足和快乐。"村民们说。和尚们说:"还要想一想,快乐离我们很近,就像煮石头汤一样容易啊!"

② 提炼故事《石头汤》的寓意。

【导语】在这间教室里有历届家长赠送的全家福相架、电风扇、空气清新机等;

本届也就是本班的×××等家长为班级送来了洗手液、纸巾、玩具等物品。这就是"石头汤"的精神,每个人都心系孩子们,孩子们在大爱的氛围里茁壮成长,未来也一定能成为爱的传递者。

6. **家委会成员轮流发表就职演说**

   演说格式可参考如下:

   > 我是_____的家长,我自愿加入本班家委会组织,我一定会将大爱精神传播给每一个孩子。我会在_____方面贡献自己微薄的力量,期待大家的信任和支持。

7. **全体家长合影**

   教师快速地将不同高度的凳子摆成四排,留出第三排空地给家长站立。

【导语】我们是一个大家庭,是彼此信赖的一家人,我们也有"石头汤"的精神与力量,让我们为提高孩子们的自理能力,增强孩子们的体质而担负各自的责任吧!祝家长们晚安!

【资料1】家园联系卡模板

通讯录					
草莓组			苹果组		
幼儿姓名	父亲联系方式	母亲联系方式	幼儿姓名	父亲联系方式	母亲联系方式
元元★			狗蛋★		
丁丁★			石头★		
叮当			花花		
喵喵			丽丽		
小宝			小红		
大宝			唱唱		
铃铛			千千		
月月			仙子		
习习★			康康★		
翠翠★			平平		
菜菜			卓尔		
香蕉组			荔枝组		
幼儿姓名	父亲联系方式	母亲联系方式	幼儿姓名	父亲联系方式	母亲联系方式
蜜蜂			水儿		
多多			天赐		
梅梅			琪悦		
帅帅			凌达		
酷哥			远航		
××老师：189××××××××			××老师：151××××××		
××老师：137××××××××			幼儿园总机：××××××××		

注：家园联系卡中带★的家长为家长会上四个小组的组长（且必须是家委会成员）。

小贴士

因为小班是一个新的集体，所以家委会是初次成立，成立前班主任要全面了解每个家庭的具体情况，如：父母双方投入家庭教育的热情与时间，父母的教育理念，父母支持幼儿园教育的时间、精力与投入（包括精神和物质多方面）等。

班主任在了解的基础上召集班上其他教师开会交流，验证每个教师对家长的印象感觉是否基本一致。然后再与心仪的家长近距离约谈沟通。

对于选定的家长，请他们事先写一份一分钟以内的就职演说稿，邀请他们在家长会现场进行演说。

对全班家长的分组也应在家长会前进行，分组时要注意男孩女孩的比例、家庭住址（相对比较近的安排为一组，方便日后联系和组织活动），并且要完成"家园联系卡"（建议写上幼儿的小名为宜，以避免不慎丢失资料带来麻烦）的制作，于家长会当晚给每个家庭发放两张。

由于时间关系，一些需要家长配合的事项及具体要求不在家长会流程中进行，以纸质资料的形式发放给各个家庭，要求家长将其张贴在家中的显眼处。

另外，《采帧集》相册制作的相关事宜，由家委会联系确定并发布费用标准公告，家长自愿选择是否制作。调查家委会家长情况的工作也在会议前进行，家长会现场只公告调研结果。

【资料2】家委会选举事项

1. 入选条件

    - 具有先进的儿童观和教育行为。（通过约谈、日常观察等方式了解）
    - 热爱班级每一位幼儿，具有大爱精神。（是否参与9月起实施的助教活动）
    - 有一定的时间，积极参与家委会活动。（通过家长接送幼儿次数了解）
    - 为人正直、公平，善解人意，有较强的解决问题的能力。（是否在单位担任一定职务）

2. 选举规则

    - 自愿加入家委会组织。
    - 各班家委会成员10-14名，其中有2名为园级家委会成员。
    - 自荐或互荐。
    - 名单确定后需在班级（或园所）网站公示一周。
    - 在家长会现场进行就职演说，由现场家长并举手表决通过。
    - 每学期需要参加园级和班级家委会会议4次或更多，每位成员每学期允许请假1-2次。

3. 就职演说词

    例如：我自愿加入××幼儿园××班家委会组织，乐意为全园和班级的孩子服务。我擅长……。请大家多多支持！

4. 班级家委会分工

    疾病防控小组3-4人（建议由家庭中有医生资源的家长担任），教育教学管理小组3-4人，活动策划小组3-4人，宣传文档管理小组3-4人。

5. 对家委会成员的优待

    感恩家委会组织的成员们一心一意地为幼儿园和班级服务，家委会成员虽不求回报，但恳请全体家长支持以下优待方案：

    - 如遇到大型活动，家委会成员的孩子优先担任小主持人。

- 每年由园方组织"家委会家园联欢会"1次。
- 每学期由园方组织"家委会育儿沙龙"1次（公道讲座）。

6. **注意事项**

- 将班级划分为4个或以上小组,在安排各小组成员时教师尽量征求每个家庭的意见,达到双向选择的目的。家委会成员担任各个小组的组长和副组长。
- 在家长会中,家委会成员轮流发表就职演说时,所在小组的全体家长登台为组长助威,如"我们的口号是……,我们的宗旨是……"
- 幼儿园应为家委会组织准备一间办公室,可以与幼儿园的某个功能室共用,并提供一些配套设施,如茶具等。
- 家委会组织是全体家长的代表,应本着公平、公正的态度投入到家园共育中去。

【资料3】小班一日活动安排及各环节教育价值(春夏季)

时间流程	教育价值	家庭支持	提示
7:50 | 8:30 来园 早餐	1. 引导家长、幼儿的礼貌行为,发展幼儿的人际交往能力;为幼儿愉快地展开一日活动做好铺垫。 2. 在进餐中培养幼儿良好的生活卫生习惯。	1. 帮助幼儿养成早睡早起的习惯。按时来园,家长主动跟教师鞠躬问好,起示范榜样作用。 2. 鼓励幼儿少穿衣,自己背书包来园。	1. 准备至少三处幼儿可以自主取食物的空间,可以和区域活动共享空间。 2. 每次准备两种或以上餐具供幼儿选择和使用。 3. 提供幼儿清理自己桌面的抹布,碟子按人数合理摆放。
8:30 | 9:00 自由活动、 晨谈	1. 点名:引导幼儿认识同伴,关心周围的人和事,培养幼儿关心同伴,了解谁没来园、原因是什么等。 2. 看日历:今天是几月几号?星期几?帮助幼儿感知时间和日期。 3. 谈天气:幼儿用自己的话描述当日天气,呈现恰当的天气图片。引发幼儿关注天气变化,增强自我照顾的意识。	1. 幼儿可在园或在家吃早餐。 2. 多给幼儿创造与同伴交往的机会,鼓励幼儿主动交朋友。 3. 与幼儿共同商讨,放哪件小玩具进书包,一起做个幼儿自己认识的标记。	1. 幼儿的书包柜高度应适宜幼儿的身高。 2. 班级提供临时存放幼儿自带小玩具的空间,并允许幼儿在用餐后、起床后自由活动摆弄。 3. 教室内应规划一块供全班幼儿集体就坐的地方(仅此一块),建议可与积木区或语言区共用空间。

续 表

时间流程	教育价值	家庭支持	提示
9:00 | 10:00 户外活动 （体育活动 和户外 游戏）	1. 帮助幼儿形成健康的体态、愉快的情绪、适应环境的能力，发展动作的平衡、协调、灵敏、力量和耐力等。 2. 发展幼儿的生活自理、自我保护能力和规则意识等。 3. 为幼儿合理安排体育活动和游戏活动的时间。	1. 在书包里准备好幼儿更换的衣服。 2. 给幼儿提供动手做事的机会，培养幼儿独立自主的意识，增强自理能力。 3. 帮助幼儿园一起创设户外游戏环境，收集并提供各类游戏材料。 4. 节假日多带幼儿参加户外体育活动。	1. 幼儿园的大块空间应规划为体育运动场地，提供充足的器械并做到收纳便捷。 2. 幼儿园的边角场地可规划为游戏场，如户外涂鸦（水粉、粉笔）、各种角色游戏区、打击乐音乐区等，提供便捷的收纳设施。 3. 保证幼儿体育活动和户外游戏的时间。
10:00 | 11:10 区域活动 （包含 水果餐）	1. 满足幼儿自我学习、自我探索、自我发现、自我完善的需要。促进幼儿学习的主动性、创造力、交往能力和持续探索能力的发展。 2. 培养幼儿自我安排游戏和生活的能力。	1. 每天与幼儿交谈20分钟：关于幼儿的同伴、丰富对天气的认识、回顾区域游戏的感受等（交流中注意眼神的接触，喊幼儿名字时让他懂得回应）。 2. 有时间可以进班当助教，关注幼儿的发展，给予适当的帮助。了解班级各区域创设需要补充什么材料，为班级做力所能及的事情。	1. 每天保证幼儿有1小时或以上的时间自由地进行区域活动。 2. 创设幼儿自取餐点食用的环境。

续　表

时间流程	教育价值	家庭支持	提示
11:10 ｜ 11:20 回顾与 分享	1. 通过回顾与分享，建立幼儿整理玩具的习惯，让幼儿初步具有解决问题的意识。 2. 营造幼儿间相互帮助的氛围。	1. 与幼儿谈论幼儿园发生的愉快、积极的事情。 2. 为幼儿在家中提供运用多种手段表达的机会，如绘画、涂鸦、表演等。	全体幼儿在固定的地方集体就坐。
11:20 ｜ 12:30 午餐 自由活动 散步	1. 让幼儿学习粗浅的饮食营养、饮食卫生、饮食方法、饮食礼仪等内容。 2. 让幼儿逐步养成良好的饮食习惯。在健康的生活中愉快、主动地发展。	1. 鼓励幼儿独立吃饭，养成良好的进餐习惯。 2. 鼓励幼儿品尝不太喜欢吃的食物，逐渐养成不挑食的习惯。	1. 提供餐后玩具，满足用餐较快幼儿的需求。 2. 提供幼儿用于自己清理桌面的抹布，公用碟等物品。
12:30 ｜ 14:30 午睡	1. 让幼儿建立良好的午睡习惯，有自我服务的意识。 2. 让幼儿懂得自己醒来后的举动不影响其他幼儿。	1. 让幼儿复习穿脱衣服、用夹子晾衣服等技能。 2. 在幼儿的衣服隐秘处缝名字，引导幼儿学会辨认自己的物品。	1. 将大病初愈后归来的幼儿的床安排在另一处，避免幼儿间交叉感染。 2. 注意不要让空调出风口的风直接吹到幼儿。
14:30 ｜ 15:30 起床 午点	1. 珍视教师和幼儿亲昵的时机，增进师生感情。 2. 培养幼儿的生活自理能力。	按教师提供的穿、脱衣服流程，引导幼儿在家练习（包括鞋袜），每次都要求幼儿把脱下的衣服叠放整齐。	制定早醒早起床的规则（避免不良睡眠习惯的养成），如允许在下午2点时先醒来的幼儿可以先起床等。

续 表

时间流程	教育价值	家庭支持	提示
15:30 | 16:00 户外活动	同9:00-10:00户外活动	同9:00-10:00户外活动	同9:00-10:00户外活动
16:30 | 17:00 整理回顾离园	1. 让幼儿整理玩具，物归原处，培养其责任感。 2. 让幼儿整理衣服和头发，养成保持仪表整洁的习惯。 3. 通过一日活动的回顾，发展幼儿的口头概括能力。再现一日生活点滴，增进师生感情，帮助幼儿整理快乐心情，把快乐故事传递给家人。	1. 引导幼儿收拾好玩具，主动跟教师道别，自己背书包回家。 2. 不在园逗留，以免发生安全事故。 3. 与幼儿分享在幼儿园发生的事情，唤起积极情感，促进亲子关系。 4. 尽量按时接幼儿，以免幼儿焦虑。	建立班级拥抱的机制如：爸爸妈妈相互拥抱、师生互相拥抱、生生互相拥抱着说："我爱你。"

【资料4】家园共育配合要点

1. 卫生保健

① 剪指甲。

请家长在每个周末为幼儿剪指甲(应磨圆指甲,避免幼儿抓伤自己或他人),观察幼儿是否有倒刺和甲沟炎等情况,养成良好的卫生清洁习惯。

② 晨检。

幼儿一日经"三检",一检在家庭,二检在园医,三检在班级。如幼儿患感冒、发烧等疾病,需在家养病至痊愈(停止发烧两天后)才能入园,重新入园时请给幼儿戴上口罩。如果是传染疾病需要将幼儿隔离(时间长短遵医嘱),避免传染给他人和自己被交叉感染。

③ 带药制度。

幼儿一般不能在幼儿园口服药物(如保健品、凉茶或者中药),如有特殊需要(医院开的处方药,已在家服用两天且需继续服药者)可委托保健医生在园给幼儿服药。家长填写服药单(写明班级、幼儿姓名、病因、药名、剂量或用法)与药品一起放在一个袋中,晨检时交给保健医生。若服用抗生素药物需家长出示病历本,以防幼儿滥用抗生素。两种以上药物用一个袋子装起来,每次只带当天的药量,如当天药物没用完,离园时家长到医务室或班级保教老师处领取。

④ 预防接种。

家长需关注预防接种本子上的要求,及时带幼儿去相关医院或社康中心打防疫针(幼儿园不组织集中接种疫苗事宜)。

⑤ 体检。

每学期幼儿园为幼儿测量身高、体重、口腔及视功能普查,每学年配合医院进行抽血(肝功能、血常规)体检,请家长认真阅读体检结果及关注需要诊治的通知。

2. 幼儿来园、离园时间

每天7:50幼儿园开门后方可进入;周一至周四16:30离园,周五16:00离园。离园时不在幼儿园停留玩耍(家长聊天时没注意到幼儿的话,幼儿很容易发生因打闹导致的骨折等事故)。

3. 幼儿着装

为了方便幼儿活动,要求幼儿每天穿园服、园鞋入园(夏天请不要给幼儿穿凉鞋,脚趾易受伤)。在穿短袖的季节里,教师会让幼儿自己换衣服或协助垫汗巾,请准备至少四件可更换的衣服放在幼儿的书包里;穿长袖的季节里,教师只采用垫汗巾的方式(幼儿脱衣服易受凉),请在幼儿的书包里备三条汗巾、一至两条备用的裤子和抹子(因小班幼儿易尿裤子)。所有衣物要缝上名条,用针线加固以免脱落。

我园将实施耐寒训练计划,请不要在入冬前过早地给幼儿穿太多衣服。

幼儿入园穿衣参考表(此表仅供参考)					
气温	穿衣参考	园服要求	气温	穿衣参考	园服要求
25℃-30℃	短衣短裤	夏装园服	15℃-17℃	长衣长裤	上衣2件(夏装内穿,外加秋装园服)和秋裤
22℃-24℃	短衣秋裤	夏装上衣和秋装裤子	12℃-14℃	长衣长裤	上衣2件(内穿夏装,外加冬装园服)+冬裤
18℃-21℃	长衣长裤	秋装园服	11℃以下	长衣长裤	上衣3件和裤子2条

在园幼儿户外活动前脱衣参考表		
气温	脱衣行为	相关提示
24℃或以上	穿短袖到运动场地	脱下的衣服叠整齐摆放在椅子上或挂在指定地方
18℃-23℃	离开教室时仅穿一件棉毛衫到运动场地	脱下的衣服叠整齐摆放在椅子上或挂在指定地方

续表

在园幼儿户外活动前脱衣参考表		
气温	脱衣行为	相关提示
12℃-17℃	离开教室时将棉袄或厚外套脱在教室内,穿两件毛衣的脱去一件毛衣	脱下的毛衣叠整齐摆放在椅子上或挂在指定地方
6℃-11℃	离开教室时将棉袄或厚外套脱在教室内	脱下的衣服可给椅子背"穿"上,方便幼儿自理
5℃或以下	去运动场时视情况决定是否脱衣服	运动场上应提供给师幼挂衣服的架子(如下图)

4. 家园联系方式

① 家园互动平台。

班级周计划于周末上传至幼儿园网站上的家园互动平台,家长可在每个周末浏览,欢迎家长上传育儿文章。

② 微信(或 QQ)交流平台。

每个家庭确保爸爸或妈妈至少一方加入此平台,全体家长共同研究出台"微信群管理办法"。

上班时间老师不能接听电话,有急事可拨打门卫电话或在留言板中留言。微信群是个有效的沟通平台,请家长充分运用(请假也可在"微信群"里留言)。

③ 家庭交流中心（利用区域活动空间）。

因教师和家长在来园离园时要全心照顾孩子，不主张在此时段长时间地交流。因此可在班级的区域活动区设置"家庭交流中心"，中心开放时间为星期二早上 8:00-9:00；星期三下午 3:00-5:00。因老师要全心照顾幼儿午睡，没有足够时间批复《家园联系本》，因此暂停使用，下学期视情况再定是否使用。

④ 幼儿园活动及会议。

请父母一方或双方准时参加，开会时主动将手机调为震动状态，不要来回走动。

⑤ 家长助教。

国庆节后正式启动，欢迎父母积极参与助教活动（十月份将有一次相关培训，届时请关注），取消"家长开放日"。

⑥ 其他：如小小运动会。

运动会上小班技能为展示单手拍球，请在家备一个小皮球（尺寸与幼儿园使用的相同），让幼儿每天坚持练习 5 分钟。

自理能力的培养是小班的重要课程，请家长在家鼓励幼儿自己的事情自己做（背书包、吃饭、睡觉、喝水、收拾玩具、更换衣服等），培养幼儿的责任感和独立性。

【资料5】家园共育案例

为了引起教师对家长工作的高度重视,特分享以下案例供教师学习与思考。

1. 案例背景

某省省会城市的一所民营幼儿园,保教费3000余元/月,伙食费300元/月。案例发生在小班,幼儿人数27人,教师4人(三教一保)。某位教师在8月末接手前任离职教师的班级,家长对前任教师比较留念,因为该教师与家长有密切联系,如在微信群播放幼儿活动的视频、照片,电话联系也比较频繁等。接手的班主任是一位仅有3年班主任工作经验的年轻教师,虽然在日常工作中也拍摄幼儿的视频、照片,但却习惯放在QQ群,而家长不常上QQ群。这位班主任在处理家长工作时基本以自己为主力,班级其他教师和生活老师从没有机会介入家长工作。园方对家长工作的要求是各班班主任要带着本班全体教师一起开展家长工作,旨在全面地将本班教师的团队面貌和精神展示在家长面前。而这位班主任独揽家长工作的做法并没有得到全体家长的认可。

2. 案例呈现

本班有些全职妈妈,经常坐在幼儿园监控屏幕前观看,将自己看到的片段用自己理解的文字,编辑成小文章发在微信群里,大部分家长平常没有看到幼儿在幼儿园里的活动情况,所以并不了解,因此这位全职妈妈的"演绎"也就有一定的煽动效果。

微信群里,长段长段的文字引发了12位家长的共鸣——对班主任工作的不满。班主任也在群里解释,一边澄清自己是公平地对待每个孩子的,一边想说服这些情绪激动的家长。结果,12位家长中的半数都希望园方更换教师,另半数则持观望态度,其余大部分家长则认可该班主任的工作方法,坚决不同意换班主任。

园方也不希望冤枉班主任,便到班级查看活动,向班级其他教师了解。经过调查,园方排除了班主任存在违规做法(如体罚孩子等)的可能。由园方出面洽谈希望家长给班主任一次机会,但是这位全职妈妈不给园方任何回旋的余地,园方也看不到任何可以处理的办法。园方想了解对立面家长的具体人数,同时也顾虑生源的流失(将近12名),生源的流失直接影响经济效益,董事会也会追究责任,便开始瞻前顾后。最后决定通过召开紧急家长会的方式来做最终决定,没想到会议过程中两方家长对立起来,园方的行政干部又一致决定择日由这27名家长现场投票决定是否更换教师。

3. **案例分析**

该园在当地收费偏高,家长对幼儿园的期望也同样偏高,部分家长很容易将教师的服务、对幼儿的付出与所交付的费用作比较,难免在与班级教师沟通和交往中积压了一些不满,突然有一天某件事情触及底线时便会爆发更大的不良情绪。

不良事件爆发时,年轻或是经验缺乏的教师总想用"纸包火"的做法将事情悄悄处理掉,抱有侥幸的心理。教师的心情的确可以理解,但这绝对是个愚蠢的做法,因为纸不仅包不住火,而且会令事态恶化。该园教师队伍过于年轻,又是一所民营性质的幼儿园,教师队伍的稳定性和专业性都有所欠缺,在这样的状况下因班级家长工作不到位而产生的一些问题就会发酵变大。

幼儿园的园长应具备应对危机的能力和策略,千万避免操之过急。该园园长的决定令教师们感到无比恐慌,对自己在幼儿园是否能安身立命失去信心,教师不再有心思工作而是拭目以待园长到底会怎样处理此事。

4. **对应建议**

首先,园长应该召集行政干部、年级组长和班主任召开危机处理会议,虚心听取大家的意见,尤其是听取一线教师的想法。会议中所有一线教师都提出"如果家长一有不满就要求更换老师,那么老师的权益又由谁来保护?年轻老师在成长的道路上难免会犯点小错误,难道就没有被原谅的机会吗"等问题。面对教师的心声,园长不仅要充分理解,还应想对策保护教师。

其次,该当事教师要给每位家长打电话,真诚道歉,请家长们给自己一次机会,理由是舍不得离开孩子们。电话中该教师不要再出现半句解释的言语。

然后,立刻成立应对工作小组,成员由行政干部、各年级组长、当事教师和家委会主任组成。立刻讨论次日挨家挨户登门道歉的事宜,如购买幼儿喜欢的小礼物,登门时按照家委会主任、园长、各年级组长、当事班主任的顺序进入,由家委会主任先和家长打招呼,缓解尴尬气氛,然后由园长说明来意并一一介绍团队其他成员,接着正式进入道歉环节,由当事教师道歉:"××妈妈,对不起!是我错了,我也有好几个夜晚彻夜未眠,我真诚检讨,我愿意改正,请您给我一次机会。"

随后,工作小组还应主动参与本班既定的大型或中小型活动设计,同时把活动设计方案发到群里共享,请家长针对活动提出建议和意见。这样做是为了缓解紧张气氛,也是为了避免当事教师在家长工作中再出纰漏,通过团队的有意引导让家长看到该教师在活动中忘我的付出和组织能力,恢复对该教师的信心。

三、小班下学期主题：家园因您而精彩

（一）家长会计划

1. 会议时间

    月：下学期开学后

    日：第三周的周五

    时：晚上 19:30-21:30

2. 会议准备

    (1) 会场布置：桌椅摆放成既适合小组讨论又适合做游戏的位置；家长小组名牌四个（同前案例）；《采帧集》按组别提前摆放在桌面；提供茶水及标有号码的一次性纸杯（使用后可留在美工区作为手工材料）。

    (2) PPT《家园因您而精彩》*、《我们能拥有孩子多少年》*、《家长类型自查》*；确保多媒体设备可以正常使用；通知部分家长穿开衫来参加家长会（游戏道具）。

    (3) 邀请家委会的家长义工到班级开短会，沟通家长会事宜。

    (4) 班主任召开并主持班会，安排家长会议过程中其他教师的具体分工与合作。

    (5) 通知全体家长准时参加会议。

3. 会议分工

    (1) 班主任主讲（主持），副班主任负责签到、家园联系卡的核对和制作（有新生的情况下）、音乐准备。

    (2) 生活老师负责现场拍照（事先为相机充电）、发放白纸和笔、解决家长的饮水问题。

    (3) 全班教师共同布置家长会主题环境。

4. 会议流程

    (1) 欣赏《采帧集》并谈感受。

    (2) 游戏：比比看。

    (3) 家长现场自查：自己属于哪一类型的家长。

    (4) 观看故事《我们能拥有孩子多少年》。

（二）家长会实战

【开场】亲爱的家长们，非常感谢您百忙之中参加今晚的家长会。到会比较早的家长已经将《采帧集》相册看了好多遍，并且一直在相互交流，不妨把感受与大家一起分享。让我们用热烈的掌声邀请两位家长代表上来分享《采帧集》的观后感。

1. 欣赏《采帧集》并谈感受

    家长1：我看着儿子的这本精美无比的《采帧集》相册，感慨很多。儿子已经快4岁，我们给他拍过无数的照片存在电脑里，却没想过为他将照片编辑为成长相册。我对手里的这本相册爱不释手，看了再看，眼角湿润了，这相册里的每一张照片都记录着我儿子的进步和变化。我觉得我们的老师不是人而是"神"，她们一定牺牲了很多休息时间给孩子们编相册。我提议，全体家长起立向老师们鞠躬表示感谢。

    家长2：我看着女儿的相册哭了，上学期入园时她是班里哭的时间最长也是最惨的，老师每天轮流抱她、哄她，这些照片勾起了我点点滴滴的回忆。每个孩子都有一本这么厚的相册，说明老师要编辑成千上万张照片，真的非常感动，请允许我拥抱一下老师们。

【导语】是啊，每一张照片都是我们的老师利用下班时间，放弃与家人外出游玩，一张张筛选出来，再一张张放入每个孩子的"文件夹"里，经过文字编辑和校对制成的。为了能及时捕捉孩子的成长镜头，×××老师保证相机随时有电，×××老师负责拍照，×××老师负责将照片分类，几位老师一起编辑、校对文字。不为别的，就是为了让家长们永远记住孩子在3～6岁时，老师是在用心地呵护他们，不挑不拣，一视同仁地爱着他们。

2. 游戏：比比看

    ★ 游戏目的

    通过穿衣服比赛让家长理解自我服务对于4岁幼儿的意义。

    ★ 游戏方法

    将全体家长分成两个大组，草莓组和香蕉组合为一组，为"他人帮忙穿衣服"比赛组,荔枝组与苹果组合为一组,为"自己穿衣服"比赛组。

请"他人帮忙穿衣服"比赛组的全体家长站成一路纵队,并迅速按"1、2"报数。报数为"1"的家长原地站立不动,报数为"2"的家长迅速站在报数为"1"的家长的左边成为两路纵队。游戏开始,报数"2"的家长为报数"1"的家长穿衣服和裤子,记录下该组报数"1"的家长穿好衣服和裤子的总时间。

请"自己穿衣服"比赛队的家长起立站成一路纵队,并迅速按"1、2"报数。报数为"1"的家长原地站立不动,报数为"2"的家长站在报数为"1"的家长对面,间距一米远。游戏开始,无论报数"1"还是报数"2"的家长迅速穿衣服和裤子,记录下该组所有人穿好衣服和裤子的总时间。

★ 游戏图示

【步骤1】所有游戏者平均分 A(左)、B(右)两个小分队。

【步骤2】B队(右)手拿衣服站在 A队(左)面前。

【步骤3】做好游戏开始的准备。

【步骤4】游戏开始,同时计时,B队(右)为A队(左)队友穿衣服,直至最后一人穿戴完毕。

【步骤5】穿衣过程中,B(右)队的游戏者可用语言向A(左)队被穿衣者进行提示。

【步骤6】游戏中被穿衣者不能自己主动穿衣服。

【步骤7】穿上的衣服需整齐、完整。

【步骤8】A(左)队中最后一人穿戴整齐,才算游戏结束。

【步骤9】对比"自己穿衣服"和"他人帮忙穿戴衣服"两组用时的长短,请家长谈感受。

【步骤10】也可让 A(左)队的游戏者自己穿衣服,B(右)队负责计时。

【步骤11】游戏结束,主持人总结和提炼游戏价值。

★ 提炼游戏寓意

【导语】请裁判宣布比赛结果,到底哪一组用的总时间短,哪一组用的总时间长呢?现在邀请家长分享游戏感悟,您在游戏中体会到什么?

亲爱的家长们,这个游戏让我们发现一个现象:自己穿衣服比别人帮忙穿衣服更快,这是为什么?因为自己穿衣服更加直接,别人帮忙穿衣服是间接的帮助。

我们在与孩子相处的过程中,时常忍不住会帮孩子做这个做那个,剥夺了孩子自己照顾自己的机会,长期在这种包办代替下生活的孩子,逐渐变得被动、依赖,动手能力和解决问题的能力也随之降低。

所以,想邀请各位家长起立,跟随家委会主任共同宣誓:

我宣誓,为了让孩子能够成为一个有独立思想的人,有自理生活能力的人,我要努力管住自己和家里其他成员的双手,不剥夺孩子自理生活的机会。宣誓人:×××。

非常感谢家长们的密切配合!接下来,请拿上纸和笔,跟随我们做20道题进行自查,20道题计分完毕,各位家长就能判断出自己属于骄纵型、过度保护型、放任型、支配型还是理想型中的哪一类家长。请看大屏幕。

3. 家长现场自查家长类型

(1) 请家长根据PPT上的题目如实打分(10分钟)。

0-5岁	5-10岁
1. 孩子跌倒哭泣时: A. 不去理会。 B. 稍微看一下情况。 C. 立刻跟过去,将他抱起来。	1. 孩子和弟妹或年纪小的孩子吵架时: A. 骂他,并制止。 B. 如不危险,就不去管他。 C. 不责备他,但听听他的理由。
2. 孩子能够独自用餐,却依赖家人喂食时: A. 孩子已经长大,要他自己用餐。 B. 偶尔喂他一下。 C. 每次都喂他吃。	2. 孩子自己能够换衣服,却依赖家人帮他穿衣服时: A. 盯着他,要他自己一个人穿衣服。 B. 稍微帮他一下。 C. 帮他穿衣服。
3. 孩子缠着要买东西时: A. 通常不买给他。 B. 觉得可以就买给他。 C. 要什么都买给他。	3. 孩子缠着要买东西时: A. 通常不买给他。 B. 觉得可以就买给他。 C. 要什么物品都买给他。

续 表

0-5岁	5-10岁
4. 当你忙着做晚饭时,孩子却缠着你不放: 　A. 无视于他的存在,由他去。 　B. 稍微陪陪他。 　C. 放下在做的事陪他玩。	4. 孩子坐在你膝盖上,缠着你不放时: 　A. 孩子已经长大,要他自制。 　B. 稍微抱抱他。 　C. 抱他直到他满意为止。
5. 孩子一个人在外面玩时: 　A. 不太在意。 　B. 偶尔去看一下。 　C. 通常家人会跟出去看着。	5. 孩子外出住宿时: 　A. 不太在意。 　B. 有点介意。 　C. 非常操心。
6. 孩子精神不振时: 　A. 不太在意,任由他去。 　B. 试着去询问原因。 　C. 马上带他去看医生。	6. 孩子精神不振时: 　A. 不太在意,任由他去。 　B. 试着去询问原因。 　C. 马上带他去看医生。
7. 孩子受到惊吓、害怕时: 　A. 骂他没有出息。 　B. 告诉他:别怕。 　C. 抱起来安慰他。	7. 孩子受惊吓、害怕时: 　A. 骂他没有出息。 　B. 鼓励他,给他力量。 　C. 在他身边安慰他。
8. 孩子哭闹时: 　A. 随他哭,直到他改变自己的情绪为止。 　B. 稍微看看或陪他。 　C. 立刻逗他开心。	8. 孩子不小心打破、损坏重要的东西时: 　A. 严加斥责。 　B. 要他以后多加留意。 　C. 体谅并接受他的道歉。
9. 孩子吵着要和你一起睡觉时: 　A. 骂他,要他自己一个人睡。 　B. 在他身旁陪伴一下。 　C. 同意和他一起睡。	9. 孩子对家人口出恶言时: 　A. 严加斥责。 　B. 规劝他。 　C. 因为他是小孩子而不加以追究。
10. 你平时和孩子一起玩,当他的玩伴吗? 　A. 几乎不做他的玩伴。 　B. 有时间就当他的玩伴。 　C. 常常陪他,当他的玩伴。	10. 你平时和孩子一起玩,当他的玩伴吗? 　A. 几乎不做他的玩伴。 　B. 有时间就当他的玩伴。 　C. 常常陪他,当他的玩伴。

续表

0–5 岁	5–10 岁
11. 孩子不听从父母的话时： 　A. 任他为所欲为。 　B. 听他讲理由,并多加注意。 　C. 骂他,要他听话。	11. 孩子不听从父母的话时： 　A. 任他为所欲为。 　B. 听他讲理由,并多加注意。 　C. 骂他,要他听话。
12. 孩子吃饭或换衣服拖拖拉拉耗时间时： 　A. 等他自己换好衣服。 　B. 盯着他要他快一点。 　C. 喂他吃饭,帮他穿衣服。	12. 孩子吃饭或换衣服拖拖拉拉耗费时间时： 　A. 等他自己换好衣服。 　B. 盯着他要他快一点。 　C. 喂他吃饭,帮他穿衣服。
13. 吃饭、睡觉的时间到了,孩子还要看电视时： 　A. 如果自己也想看电视,就让他看。 　B. 稍微等他一下。 　C. 为了让他遵守规定,立刻制止。	13. 睡觉时间到了,孩子却还不睡觉时： 　A. 不管他。 　B. 希望他早一点睡觉,等他一下。 　C. 斥责他,要他立刻去睡觉。
14. 孩子用餐时偏食、不吃的时候： 　A. 不去理会他,随便吃。 　B. 多少要他吃一点。 　C. 强迫他一定要吃。	14. 孩子和朋友吵架时： 　A. 任由他去,毫不理会。 　B. 视吵架情况,再决定制止或放任他。 　C. 告诉他不许吵架,立刻制止他。
15. 孩子跟朋友抢玩具或吵架时： 　A. 保持沉默,不去理会他。 　B. 视情况而定,从中协调。 　C. 立刻制止。	15. 孩子不整理玩具时： 　A. 放任不管。 　B. 稍微帮他,要他听话整理玩具。 　C. 骂他,一定要他动手整理。
16. 孩子把玩具扔满地时： 　A. 不去理睬。 　B. 稍微帮他整理。 　C. 一定要他自行整理。	16. 孩子希望有人帮他画画或做手工时： 　A. 要他自己动手做完。 　B. 给他提示,并与他一起做。 　C. 帮他做完。
17. 孩子想做某件事情,却进展不顺利时： 　A. 根本不去理会他。 　B. 给他一点启发、暗示,并稍注意。 　C. 教导他方法,并纠正他。	17. 孩子想跟年纪大的孩子去某个地方玩时： 　A. 让他去。 　B. 问他去哪里,让他自己稍加注意。 　C. 告诉他危险,不让他去。

续表

0-5 岁	5-10 岁
18. 孩子不洗手就吃饭时： 　A. 保持沉默。 　B. 稍加劝导。 　C. 不洗手就不让他吃饭。	18. 孩子不向其他人打招呼时： 　A. 不去管他。 　B. 督促他跟别人打招呼。 　C. 要求他严格执行。
19. 孩子骂人说脏话时： 　A. 不介意，任由他去。 　B. 稍加劝导。 　C. 骂他，并制止他。	19. 不让孩子看电视，他非要看时： 　A. 因为孩子想看就让他看。 　B. 劝他不要看。 　C. 严格制止。
20. 孩子想与爱捣蛋、粗野的小朋友玩耍时： 　A. 毫不介意。 　B. 稍加注意，但不会全然阻止。 　C. 不准他和捣蛋仔一起玩。	20. 孩子想和捣蛋仔一起玩耍时： 　A. 不管他跟谁玩，随他自由。 　B. 叮咛他不要做坏事。 　C. 不准他和捣蛋仔一起玩。

注：A—0 分　B—1 分　C—2 分

（2）家长根据分数查找自己属于以下哪种类型的家长。

操作方法：1-10 题分数相加；11-20 题分数相加。例如，1-10 题的分数相加，如果得 1-6 分为放任型；7-15 分为理想型；16-20 分为骄纵型。11-20 题分数相加，如果得 1-5 分为放任型；6-14 分为理想型；15-20 分为支配型。

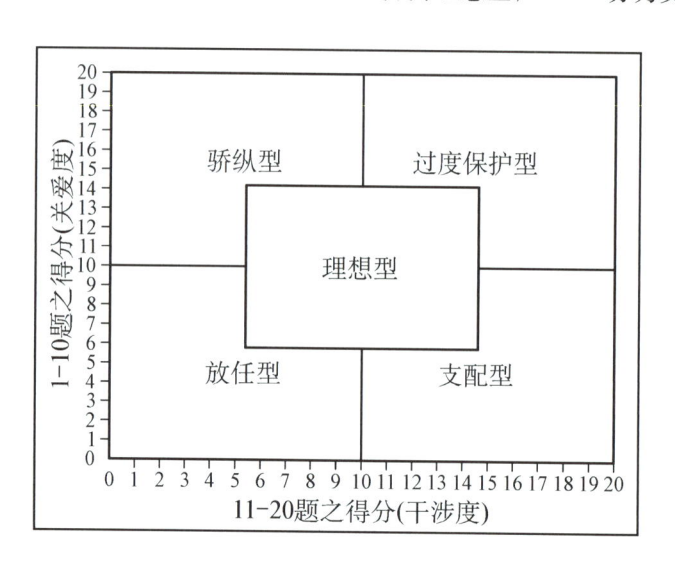

【导语】请家长们将 1-10 题分数相加；11-20 题分数相加。例如，1-10 题的分数相加，如果得 1-6 分为放任型；7-15 分为理想型；16-20 分为骄纵型。11-20 题分数相加，如果得 1-5 分为放任型；6-14 分为理想型；15-20 分为支配型。

那么，这些家长类型的特征和对应的建议是什么呢？请继续看大屏幕。

（3）教师引领家长分析各类型家长的特征及对应的建议。

① 骄纵型家长。

这类家长在抚养孩子时，对孩子的无理要求也会予以满足。导致孩子霸道不讲道理，认为一切的好东西都应该归自己所有，得不到时就会对父母发脾气。典型的"在外一条虫，在家一条龙"。

【导语】这类型的家长，在面对孩子提出的要求时，应先判断需求是否合理，对于合理的要求也不要满口答应，家长可为孩子设定力所能及的目标。例如可以设计一张表格，将孩子可以通过努力后做到的事项列在表格里，孩子做到时家长在相应格子里画一颗星星，等集齐了一定数量的星星时，再满足孩子的合理需要。最少坚持执行一个月的时间。

② 过度保护型家长。

这类型家长在养育孩子过程中，家庭帮忙照顾孩子的成人也相对比较多一些，他们对孩子缺乏了解和信任，处处谨小慎微。如孩子想挑战刺激点的大型玩具时，家长会上前制止并大声说："危险！"他们同时还认为，孩子只要学习好就可以了，久而久之，孩子的生活自理能力弱，活动能力欠缺，胆子小、不自信，也不怎么合群。

【导语】这类型的家长要调整心态，相信孩子具有粗浅的自我保护能力，鼓励孩子玩力所能及的体育游戏。还要让孩子做到自己的事情自己做，让孩子自己安排一周的食谱，让孩子长时间为家庭承担一件家务活。同时，家庭里的所有成员要统一认识，保持步调的一致性。

③ 支配型家长。

这类型家长在有了孩子以后，事无巨细地替孩子做主，担心孩子不能将事情做好。如遇到兴趣班的选择时，孩子会说："问我妈妈去吧，我不知道。"孩子没有自己拿主意的机会，一切都由家长说了算。其实孩子心里非常逆反，孩子渴望自由，等待远走高飞。青春期的女孩可能会早恋，男孩可能会很叛逆。

【导语】这类型的家长对孩子的干涉应该有个度,关于安全、卫生、健康方面的可以干涉。除此之外的家长都应该让孩子按照自己的意愿去做,忽略孩子的"错误",做到"教育时不生气,生气时不教育"。

④ 放任型家长。

这类型的家长大多数出现在忙碌的家庭中,父母忙着工作,上班时间里孩子没人带、没人管,缺少家庭温暖。这类型家庭抚育长大的孩子不排除对家庭会有仇恨心理,因为他们严重缺乏爱。

【导语】这类型的家长在双休日或下班时间里,应尽可能多地陪伴孩子。如一起阅读、一起散步、一起出去旅游等。让孩子逐渐理解爸爸妈妈虽然平时上班忙,但是在休息日里也会尽量陪伴自己,从而肯定父母对自己的爱。

无论什么类型的家长都应该谦虚地学习,身为老师的我们也应该如此。为了孩子的今天和明天都精彩,为了孩子的今天和明天都能幸福地生活,我们都需要完善自己,尽量取长补短,尝试用更适合自己孩子的方法进行沟通和交流。

4. 观看故事《我们能拥有孩子多少年》

【导语】亲爱的家长,我们总是很忙,大部分时间把孩子交给家中的老人或保姆,自己极少有时间陪伴孩子和享受孩子成长的点滴变化。我作为老师非常理解您的心情,也不由自主地接纳和习惯了您偶尔接送孩子的事实。但是,每个时期孩子都有一个独特的习性,过了这个时期就不再有这个时期的习性。因此,我们邀请您一起观赏《我们能拥有孩子多少年》,希望它能够对我们有所触动(关闭室内的灯,点燃一盏小灯或蜡烛,每桌事先放一些纸巾)。

(1)教师声情并茂地朗读。

【讲稿参考】

孩子总会长大,总会离开,有他们自己的家庭。只是我们不曾想过,原来,我们拥有他们的日子,其实是那么少。

3岁,他去上幼儿园了,看着他小小的坚强的背影,心中又喜悦又有点小小的心酸。离别了一整天,孩子看到你高兴地奔跑过来,扑在你的怀里。跟你说:"妈妈,我想你了。"那一刻,抱着孩子就像抱着了整个世界。

6岁,他上小学了,孩子终于走进校门,这是多么值得纪念的事情,孩子的人生从此翻开了新的篇章,却没想到,这也是孩子离开我们的第一步。他已经对与你分开一天习以为常了,而且他喜欢每天去学校,这是他更喜欢的生活。甚至,他有时还会说:"妈妈,在家好无聊,没有小朋友和我玩。"

12岁,他上初中了,甚至有的开始上寄宿学校,一个月或者几个月回一次家,见上一次面。他们开始不再依赖你,甚至,他们喜欢和你对着干。你想帮他们做点事情,他们说:"妈妈,我自己来吧。"这句话突然让我们觉得好失落,孩子是不是不再需要我们了?

18岁,他离开你去上大学,一年回来两次。回来的好几天前,家里的冰箱就装不下了,为他准备了各种各样他喜欢吃的东西。可是一回来打个照面,他就忙着和同学朋友聚会去了。从此,你最怕听到的一句话是:"妈妈,我不回家吃饭了,你们自己吃吧。"

大学毕业后,孩子留在了远方工作,一年也难得回来一次了。好不容易回来一趟,几天就走了。你最盼望的就是孩子的电话,希望孩子对你说一声:"妈妈,我很好,你保重身体。"这样就足够了。

孩子结婚了,回家的时间有一半匀给了你的亲家,孩子回来得更少了。你已经习惯就老两口在家了,但是,你最希望听到孩子对你说:"妈妈,今年过年我回家过啊!"当孩子又有了他们自己的孩子,你已经不再是他们的家庭成员了,他们的一家三口(或一家N口)里,已经不包括你们了。

而我们也慢慢地习惯了这样的日子。只是习惯在闲来无事的时候,经常翻翻相册,看看我们自己的一家三口,无论孩子身在何方,他却永远是我们家庭中无可取代的一员。

是啊,其实当孩子在身边的日子,我们是多么幸福。可是有时我们却还会抱怨。抱怨因为他,你做了太多的牺牲。抱怨他晚上老醒来,让你睡不好,抱怨他无理取闹,抱怨他爱撒娇长不大,抱怨他生病,让你操碎了心,抱怨为了培养他,花费了太多的精力与金钱……

可是,如果你想想,10多年后,就算你想要,也没有机会了。孩子会不停地长大,过了这个时期他就再没有这个时期的习性。你是不是常常在他断奶后怀念喂他吃奶的日子,可是那时你却觉得好累、好辛苦、好厌倦。

是不是常常看他以前吃手的照片觉得好可爱,可是你曾经却为要不停地给他洗手而烦恼透了。是不是在他褪去童声后,特别想念他曾经奶声奶气的声音,可是他以前撒娇的时候你却很不受用。是不是当孩子去上学后你特别怀念他黏在你身边的日子,可是以前你却总在想他要什么时候才能去上学啊……

时间无法倒流,过去了就只能永远过去了。孩子能呆在身边的日子是多么难得与宝贵。因为这一点,我更加珍惜与孩子相处的每一刻,也让我无论遇到什么,都心存感恩。

谢谢上天给我这么一个孩子,让我分享与见证他成长的每一刻。无论带给我多少困难、烦恼,甚至挫败,无论让我失去多少睡眠、时间、金钱、精力,我仍然豁达,因为,这都是上天的恩赐。

当他在身边的每一天,我都会让他觉得幸福,也是让我们都有一个美好的回忆。我不会给他太多压力、束缚,更不会给他牵绊、阻扰,但是我会适时管教,也会做量力而行的投资,因为我有责任与义务教会他生活的本领,好让他来日自由快乐地飞翔。同时,我也会告诉他,就算所有的路都行不通时,还有一条路你可以畅行,那就是回家的路……

我珍惜,我感恩……

【导语】我非常喜欢这个故事,它不仅鞭策着我为孩子们创设良好的学习环境而付出精力和时间,还鼓舞着我珍惜与孩子们相处的每一刻。各位家长或多或少也有一些感触,有谁愿意分享?(如果此刻家长鸦雀无声,教师可以提示:作为家长,我们都希望孩子乐于表达自己的想法。那么,您是不是愿意成为孩子的榜样,让孩子受到潜移默化的影响呢?)

家长A:这个故事让我感到很惭愧,我无论是陪伴孩子还是陪伴父母的时间,都非常不够,我父母的今天也是我未来的明天。所以,我要趁孩子还没有长大,多陪陪他,趁父母还可以走动也陪他们去走走。

家长 B：我很庆幸,因为我陪孩子的机会很多,所以看着这个片子我感到很欣慰。

家长 C：感谢老师用心良苦,这个片子一定花了老师很多休息时间来制作。我懂得了孩子每个时期都有一个独特的习性,希望老师在这些习性的关键期能够提点我们,毕竟老师更加专业,我一定全力配合老师,共同把孩子教育好。

【导语】《我们能拥有孩子多少年》不仅提醒着我们要多陪陪孩子,也告诉了我们随着孩子长大,他们很快会离开我们而展翅高飞。那么,在放飞的时候我们的孩子是否有足够的能量高飞呢？那就需要我们继续有效地陪伴孩子。期待各位家人在下期的"有效陪伴孩子"沙龙活动中充分发表见解。

　　亲爱的家长们,因为您的用心和努力,孩子们会越来越精彩！让我们珍惜和孩子在一起的每一天,尊重孩子的每一个习性,为他们来日自由自在地飞翔做准备。请家长们帮忙把教室按照片恢复原样,谢谢！祝各位晚安。

第三章

中班体验式家长会案例

一、中班上学期主题：一块地总有一粒种子适合

（一）家长会计划

1. 会议时间

    月：9月

    日：第三周的周五

    时：晚上 19:30－21:30

2. 会议准备

    （1）会场布置：桌椅摆放成既适合小组讨论又适合做游戏的位置；家长小组名牌四个（同前案例）；《采帧集》按组别提前摆放在桌面；提供茶水及标有号码的一次性纸杯（使用后可留在美工区当手工材料）。

    （2）PPT《一块地总有一粒种子适合》★，故事《一块地总有一粒种子适合》★，视频《血型实验》。确保多媒体设备可以正常使用。

    （3）A、B、AB、O 型四种血型的牌子各一个，提前通知家长了解自己孩子的血型。

    （4）邀请家委会的家长义工到班级共商家长会议事宜，参与准备工作。

    （5）班主任召开并主持班会，安排其他教师的具体分工与合作。

    （6）通知全体家长准时参加家长会议。

3. 会议分工

    （1）班主任主讲（主持人），副班主任负责签到、家园联系卡的核对和制作（有新生的情况下）、音乐准备。

    （2）生活老师负责现场拍照（事先为相机充电）、发放白纸和笔、解决家长的饮水问题。

    （3）全班教师共同布置家长会主题环境。

4. 会议流程

    （1）欣赏《采帧集》（家长会正式开始前）。

    （2）游戏：风中静草。

(3) 观看视频《血型实验》。

(4) 话题讨论。

(5) 观看故事《一块地总有一粒种子适合》。

（二）家长会实战

【开场】亲爱的家长，今晚家长会的主题是"一块地总有一粒种子合适"。希望大家通过游戏、讨论和观看视频，坚定地相信：孩子都是独一无二的，只要我们能给孩子一块适合他成长的"土壤"，就会"发芽、开花、结果"。首先我们进入第一项流程，游戏"风中静草"。

1. 游戏：风中静草

★ 游戏目的

通过游戏感悟人与人之间信任的重要性。

★ 游戏方法

四组家长分别站成一个圆圈，圈上的每个人当"风"，指定一人站到圈中当"草"。

游戏开始前，圈上每位家长做弓步，双手屈肘，手心朝着圈内；在圈中当"草"的家长双拳抱胸前，紧闭双目，双脚并拢，放松全身。

游戏开始，圈中的"草"问："大家准备好了吗？"圈上的"风"齐声回答："准备好了。""草"继续说："我要倒了。""风"齐声说："你倒吧。"圈上当"风"的家长们用双手稳稳托住圈中当"草"的家长，按顺时针方向传送给下一位当"风"的家长（切莫向前推，要顺着方向向旁边移送），"草"被传了一圈后换另一位家长当"草"，并继续游戏，直到全体家长都当过"草"。

★ 游戏规则

注意人与人之间的间距，全神贯注投入游戏，尽量让自己的身体保持放松状态，同时"风"要确保"草"在游戏中是绝对安全的。

★ 游戏图示

【步骤1】全体游戏者围成4个或更多圈。

【步骤2】各圈指定一人当"草",站在圈中央。

【步骤3】圈上的游戏者当"风","风"的姿势是弓步、双臂曲肘。"草"的姿势是双手抱拳、两脚并立、闭目、放松。

【步骤4】待大家都准备好后,"草"说:"大家准备好了吗?""风"答:"准备好了。""草"说:"我要倒了。""风"答:"你倒吧。"

【步骤5】"草"慢慢地向后倒,站在"草"身后的"风"要全力以赴用手顶住"草"的身体。

【步骤6】"草"向后倒时,"风"要随时调整间距,以便更稳地托住"草"。

【步骤7】"风"齐心协力将"草"按顺时针方向轻轻地、稳稳地移动一周;"草"自身不发力。

【步骤8】换人当"草",继续游戏。

【步骤9】游戏者要避免因嬉闹导致"草"摔倒在地。

【步骤10】每位游戏者均体验一次当"草"的感受。

【步骤11】游戏结束,各圈的家长可席地而坐谈感受,教师分别去各圈参与分享过程。

【步骤14】主持人总结和提炼游戏价值。

★ 提炼游戏寓意

【导语】都说一个善于分享和交流的孩子的背后一定有乐于分享和交流的父母。刚才我看到许多家长在游戏中感悟不断,现在邀请各圈的家长盘腿席地而坐,轮流说说游戏的感悟,总时间为10分钟。

接下来邀请各圈派出一位家长代表,将本圈家长的感悟分享出来。

家长A：在游戏中我的身体放得很轻松,因为我相信大家不会把我推到地上去,所以我很投入。我体会到当我信任大家的时候,我的状态就是放松的。

家长B：我比较紧张,我不是不相信大家,我是怕自己的体型太庞大,把各位压伤了(引起一阵欢笑声)。

家长C：我感觉这个游戏就是讲了一个信任的道理,每个人玩的时候状态是不同的,有的家长很放松,有的家长却很紧张,紧张得双脚在圈里乱动。我认为越紧张游戏的难度越大。

【导语】这个游戏体验的是信任。平常您把孩子交给我们,有的家长完全信任我们,有的家长可能对我们是半信半疑,有的家长可能根本不怎么信任我们,这些都是人之常情,就像刚才游戏的感觉那样让人可以理解。我们的孩子都是独一无二的,有的家长信任自己的孩子,有的家长不信任自己的孩子。但是,信任的确很重要,它决定着事情的发展方向。因此,希望在这个学期里,我们彼此信任,彼此都把信任的尺度放大,让每一个独一无二的孩子在原有的水平上获得更大的发展。

2. 观看视频《血型实验》

① 观看视频。

【导语】亲爱的家长,你们了解自己的孩子吗?接下来请你们看一段日本视频《血型实验》,这是在日本幼儿园里拍摄的。将孩子按照A、B、AB、O型血型安排在不同的教室里。一位男老师分别到四间教室里做同一个动作:不慎将校长送的很重要的花瓶打碎。四种血型孩子的反应并不相同。请家长一边观看一边想象自己孩子面对这种情况会有怎样的举动。

② 请各位家长按照自己孩子的血型,移步到对应的血型牌子桌前就坐。

③ 请各位家长用10分钟时间讨论以下几个话题：

- 根据视频中孩子的表现,谈谈本组孩子血型的特质有哪些?
- 根据孩子的特质家长应该调整哪些教育行为?

④ 邀请各组代表用 2-3 分钟时间分享讨论过程和结果。

A 型血型家长代表：A 型血的孩子富有爱心和强烈的责任感，他们思维活跃，性格相对活泼。优势是接受力强，弱点是所学的东西容易忘掉；优点是比较善于表达，缺点是话太多，好管闲事。作为家长应该调整急躁的行为，面对孩子的弱点我们应该学会深呼吸，学着接纳。比如"好管闲事"这一点，干脆让孩子在家承担一些家务活，每周和他商量并制定食谱，把选择外出游玩景点的权利交给他。

B 型血型家长代表：B 型血的孩子乐观，遇到问题通常自己可以化解，不容易往心里去，他们大部分时间都很快乐。优势是稳重、静得下来、学习有深度；弱点是动作慢，总是要有人在后面催促他们做事情。作为家长应该调整催促孩子的行为，留给他们的时间要比其他孩子更多。比如早晨上幼儿园拖拉的行为，我们决定每天早晨让孩子比别人提早 20 分钟起来，这 20 分钟就用于拖拉，估计这样就会减少家长的催促行为。

O 型血型家长代表：O 型血的孩子热情、富有正义感，不允许别人犯错误，还喜欢追究责任。优势是喜怒哀乐都"写"在脸上，好胜心强，成功的可能性较大；弱点是喜欢控制局面，容易得罪他人。作为家长应该调整控制他们的行为，因为这些孩子天性中有控制他人的愿望，家长就不要再过多地控制他们，我们组讨论得出一个共识，除了涉及健康、卫生的行为需及时出面控制外，其他的事情就放手让孩子们去做。

AB 型血型家长代表：AB 型是自私的血型，他们通常会把自己照顾得比较好，这类型的人普遍比较聪明，在某一方面比较容易获得成功。优势是有聪明的一面，但需要好好挖掘；弱点是自私，不善于与人分享。作为家长要调整过度呵护他们的行为，要创造大量让他们服务家庭和集体的机会，同时要有意识地磨练他们的意志，对于这类型的孩子智商不是问题，未来的困难在于是否可以克服自身的一些缺点，有坚强的意志力才有利于他们未来获得幸福人生。

【导语】血型确实有参考性与代表性，无论哪种血型都有其优势和弱点，希望家长们在了解血型特质后，能够更多地接纳孩子的缺点，用放大镜看优点，让优点来包容缺点。切莫拿别的孩子的优点和自己孩子的缺点相比较。并请适当地忽视孩子的错误，谨记"生气时不教育，教育时不生气"的原则。

3. **预设话题讨论**

【导语】亲爱的家长们，不知是什么原因使得家长们不能将幼儿园要回收的资料及时交回来，让我们被教研室多次点名批评。所以，接下来邀请各小组选择以下一个话题进行10分钟的讨论，然后各组派代表交流汇报。

话题1：不能按时交资料的原因是什么？怎样才能杜绝这种拖拉现象？

家长代表：我们组的家长认为，不能及时交资料的主要原因还是拖拉，人的弱点之一就是惰性。我们应该努力克服，不要给班级拖后腿，也希望老师建立一个督促机制，如果三天之内没有交资料就通过短信平台点名批评不交资料的家长，点几次名我们就"老实"了（台下一片笑声）。

【导语】针对这个问题我们专门开班会，委派×××老师担任这两年的资料督查员。每一次交资料的情况都会登记在册，屡教不改的家长就会被点名批评。对于一贯做得较好的家长，我们也会给予奖励，让他们的孩子在班级里担任每日要事播报员，为其他孩子报天气预报、读新闻等。希望每个孩子都有机会当播报员，那就希望每位家长都及时上交有关资料。

话题2：您使用过的物品应不应该及时放回原处？为什么？

家长代表：我们认为家长使用过的班级物品应该及时归还原处，因为这是孩子生活和学习的环境，更应该有序。老师也常说"身教重于言传"，家长坐过的凳子要搬回原处，用过的剪刀要放回原处。因为，我们的行为对孩子的教育起到了潜移默化的影响效果。

【导语】关于为什么要讨论这个话题，我们是有苦衷的。家长们经常会在孩子离园时聚集在教室里聊天，有的家长还陪孩子玩玩具、做手工，这里本来就是孩子的天地，我们不会阻止孩子动用班级物品，而且他们养成了习惯总会放回原处。但是，孩子在家长面前使用过物品后却从来没有收拾整齐，或许是家长也没有意识到，或许是孩子也养成了习惯。但是，我们希望从今天开始，无论是家长坐过的凳子，还是陪同孩子用过的玩具，一定要收拾整齐才能离开教室。习惯可以影响人的一生。

话题3：每学期家长来班级当助教的保底次数为多少合适？还有其他好建议吗？

家长代表：我们认为每学期，孩子的爸爸或妈妈要到班级当家长助教至少一次，欢迎有空的家长常常来，班里多一个人手、多一个头脑对于孩子来说意义重大。建议家中的爷爷奶奶、外公外婆若身体尚可也可以常来，一来可以学习老师的正确教育方法，二来可以增进与老师和孩子的感情，三来这也是对幼儿园教育的一种补充。

[导语]小班这一年里，大部分家长都到班级当过家长助教一次或多次，尤其是×××的妈妈当助教20多次，她对班里每个孩子都很了解，孩子对她也非常依赖。还有几位家长没当过助教，想必真的是工作太忙而脱不开身，可是孩子非常羡慕其他有家长当助教的孩子。我们以后不再有"家长开放日"活动，我们把每一天当作开放日，希望每天都有家长来当助教。

话题4：给老师送礼物。

家长代表：这是个比较敏感而尴尬的话题，老师把它摆在桌面上来谈也是好事。家长给老师送礼是为了感激，我们的孩子年龄小，需要老师细心和耐心地照顾。有很多家长也来班级当过家长助教，在班里待了四个小时，回家就累趴了，感觉这个工作看似简单，实际上非常辛苦和不容易。我们想，给老师送礼是杜绝不了的，中国是礼仪之邦，送点小礼物是人之常情。只是，家长不要送过于贵重的礼物，不然会把老师给吓坏的，同时也希望老师不要太介意，我们只是为了表表心意。

[导语]的确，这是个敏感而尴尬的话题，既然摆在台面上来讨论一定有它的价值存在。非常感谢家长对我们的信任和爱戴，幼儿园有规定，老师不能收受家长的任何礼物，所以也请家长配合我们，不要让我们为难。如果真的要送，那就建议送给班级或幼儿园，众人拾柴火焰高，多一些家长为班级增添区域活动材料，就会多一些孩子与材料互动的机会，这对孩子们的发展是积极的。

小贴士

如果你所在幼儿园存在许多班级基础问题还没有解决，那也可以考虑就班级实际存在的问题进行话题讨论，或者提出意见。

4. **征集班级问题**

【导语】接下来 20 分钟的时间交给本班家委会主任,请她组织大家对班级存在的问题进行讨论。这期间老师会回避,在办公室等候电话呼叫。请一位家长负责将问题记录下来,是园方的问题我们会呈交给园方,是我们的问题就立刻改正。

① 家长讨论问题。

② 家长代表向教师汇报问题。

③ 教师在会后积极解决或向上级部门反映问题。

【导语】非常感谢家长们坦诚相待,提出了这么多宝贵的意见和建议。俗话说得好,"旁观者清",家长们看问题的角度对我园发展和我班建设是有促进作用的,所以我们会非常重视,再次表达我们最诚挚的谢意!(班级所有教师向家长们深深一鞠躬)。

5. **观看故事《一块地总有一粒种子适合》**

【导语】在放大孩子的优点时,还要知道每一个孩子都是一粒优良的种子,他们需要适合的土壤才能发芽、开花和结果。请家长和我们一起欣赏《一块地总有一粒种子适合》。

【讲稿参考】

有一个女孩,没考上大学,

被安排在本村的小学教书,

由于讲不清数学题,

不到一周被学生轰下台。

母亲为她擦了擦眼泪,安慰说:

"满肚子的东西,

有人倒得出来,有人倒不出来,

没必要为这个伤心,

也许有更适合你的事情等着你去做。"

后来,她又随本村的伙伴一起外出打工,

不幸的是,她又被老板轰了回来,
原因是剪裁衣服的时候,
手脚太慢了,品质也过不了关。

母亲对女儿说:"手脚总是有快有慢,
别人已经干了很多年了,
而你一直在念书,怎么快得了呢?"

女儿先后当过纺织工,干过市场管理员,
做过会计,但无一例外,都半途而废,
然而每次女儿沮丧着回来时,
母亲总安慰她,从没有抱怨。

三十岁时,女儿凭着一点语言天赋,
做了聋哑学校的辅导员,
后来她又开办了一家残障学校。

再后来,
她在许多城市开办了残障人用品连锁店,
现在的她已经是一个拥有几千万资产的老板了。

前些年她连连失败,
自己都觉得前途渺茫的时候,
是什么原因让母亲对她那么有信心呢?

有一天,
功成名就的女儿凑到已经年迈的母亲面前,
她想得到一个一直以来想知道的答案。

母亲的回答朴素而简单,

她说:"一块地,不适合种麦子,

可以试试种豆子,

豆子也长不好的话,可以种瓜果,

瓜果也不济的话,

撒上一些荞麦种子一定能开花。

因为一块地,

总有一粒种子适合它,

也终会有属于它的一片收成。"

听完母亲的话,女儿落泪了。

她明白了,实际上,

母亲恒久而不绝的信念和爱,

就是一粒坚韧的种子,她的奇迹,

就是这粒种子执着生长出的奇迹。

【导语】这是一位多么伟大的妈妈,任何时候都在接纳和鼓励孩子。由此可见,适合孩子成长的土壤首先需要父母的接纳,其次呢?请各组家长交流2分钟。(家长回答:宽容、激励、榜样力量、幽默、坚强、豁达、感恩……)

从这一刻开始,让我们为了孩子而改变。心改变,态度会变;态度变,习惯会变;习惯变,性格会变;性格变,人生会变。家庭教育跟幼儿园教育一样重要!

小贴士

此案例的第一个流程为家长欣赏《采顿集》,为了节约家长会时间,家长已提前在会议正式开始前欣赏完毕,因此在"家长会实战"环节不再赘述。

二、中班下学期主题：相遇是缘分，相知是福分

（一）家长会计划

1. **会议时间**

    月：开学后

    日：第二周的周五

    时：晚上 19:30 – 21:30

2. **会议准备**

    (1) 会场布置：桌椅摆放成既适合小组讨论又适合做游戏的位置；家长小组名牌四个；《采帧集》按组提前摆放在桌面；提供茶水及标有号码的一次性纸杯（使用后可留在美工区作为手工材料）。

    (2) PPT《相遇是缘分，相知是福分》*、《相遇不是用来生气的》*；班级自拍视频《我的情绪我做主》。确保多媒体设备可以正常使用。

    (3) 邀请家长义工到班级与老师共商家长会内容及参与准备工作。

    (4) 班主任召开班会并主持班会，商议会议中的具体分工与合作事项。

3. **会议分工**

    (1) 班主任主讲(主持)，副班主任负责签到、家园联系卡的核对和制作（有新生的情况下）、音乐准备。

    (2) 生活老师负责现场拍照（事先为相机充电）、发放白纸和笔、解决家长的饮水问题。

    (3) 全班教师共同布置家长会主题环境。

4. **会议流程**

    (1) 欣赏《采帧集》（家长会正式开始前）。

    (2) 欢迎新朋友。

    (3) 游戏：背向而行。

    (4) 话题讨论：家庭教育中家庭成员的目标一致吗？

    (5) 观看故事《相遇不是用来生气的》。

    (6) 观看班级自拍视频《我的情绪我做主》。

（二）家长会实战

【开场】亲爱的家长们，今晚家长会的主题是"相遇是缘分，相知是福分"。感谢孩子让我们相遇，感谢彼此的信任让我们成为朋友，借此机会请接受我们最诚挚的感谢（全班教师向家长们深深鞠躬致谢）。

1. 欢迎新朋友

【导语】开学以来，不少家长反映：孩子在家里脾气变大了，没有以前听话了，这个问题让家长感到头疼。今晚我们还是通过游戏、讨论和观看视频，了解中班孩子为何会有这样的表现，坚定我们的教育信念和目标。首先欢迎新朋友加入我们这个大家庭。

新生家长自我介绍句式建议如下：

> 我是_____的家长，在_____单位工作，可以为孩子们提供_____服务，请大家多多关照。

2. 游戏：背向而行

【导语】接下来是游戏环节，游戏名称叫"背向而行"。邀请草莓组和苹果组的家长上台站成一横排。

★ 游戏方法

家长从左至右按"1、2"报数。报数为"2"的家长向后退一步并向后转身，站成一横排，与报数为"1"的家长背靠背、手肘相挽，组成小组。

听到"开始行走"信号时，面朝前的家长用力朝自己的前方迈步行走，另一面的家长也以同样的方式朝自己的前方行走。两面的队伍哪一边先实现众人齐步向前走3步谁就取胜，也就是说所有面朝前的家长要使得面朝后的家长跟随自己步伐顺利向后退三步才能获胜。

★ 游戏规则

两位家长间彼此相挽的手肘不能松开，两列队伍中率先全部先到达终点（即向前3步走）的队伍获胜。

★ 游戏图示

【步骤1】游戏者站成横排，按照"1、2"报数。

【步骤2】报数为"2"的家长向前迈一步，形成两列队伍。

【步骤3】报数为"2"的家长与报数为"1"的家长背靠背、手挽手。

【步骤4】所有家长同时用力向自己的前方迈步。

【步骤5】行进过程中,挽着的手不能松开。

【步骤6】两列队伍中所有成员一起实现向前走3步的队伍获胜。

【步骤7】游戏者谈感受，主持人总结和提炼游戏价值。

★ 提炼游戏寓意

【导语】游戏中，正面和背面两队的家长为什么都那么努力呢？

家长1：我们想获胜。

【导语】结果如何呢？

家长2：一个队伍里的人若是朝不同方向行走，无论怎样使劲都寸步难行。团队目标要一致，才有可能取胜；反之，就徒劳无功、白费力气。

【导语】这个游戏引发我们思考：目标的一致性。家园共育需要保持一致性，家庭里成员之间面对孩子时也需要保持一致性。带着这种理解，我们进入话题讨论环节。

3. **话题讨论**(15分钟，教师分别去各组参与讨论并做记录)

- 父母、祖父母（或外祖父母）面对孩子的教育问题，不能统一意见的原因是什么？
- 有什么好办法让家庭成员面对教育问题时能够意见一致？
- 若家庭教育中成人意见不统一，会给孩子的成长带来哪些不利的影响？
- 怎样优化家庭成员的教育观念和行为？

家长1：我们组的话题是"父母、祖父母面对孩子的教育问题，不能统一意见的原因是什么？"我们认为，这是由于父母和祖父母的观念不一致造成的，老人家大多数比较宠爱孩子，我们也提醒过不要这样溺爱孩子，但是他们一般都改不了，时间长了我们也就习惯了。刚才在讨论中，我们突然觉得这个话题很重要，因为我们知道家里成人的意见不统一时，孩子就会"钻空子"。还有就是我们老觉得自己太忙了，回到家里也很疲惫，懒得管孩子,其实,这是很要命的问题。

家长2:我们组的话题是"有什么好办法让家庭成员面对教育问题时意见能够一致?"这是个技术含量很高的话题,我们组有几位妈妈在这方面比较有经验,她们说最主要的是家庭里的每一个成人要有正确的价值观,而正确的价值观就是家长要不断学习、与时俱进。比如说,关于孩子上兴趣班的问题,爸爸妈妈觉得应该让孩子多学一点,别人都学我的孩子不学就会落后;而祖父母们就觉得把孩子累坏了不要学,吃好玩好才是最重要的。这里就牵涉到价值观的问题,如果孩子完全不上兴趣班做父母的好像会感觉心里不踏实,但祖父母说的也不是没有道理,把孩子累坏了学习也没有效果。所以在这个时候,家里就应该有一个具有"话语权"的人,他要能综合大家的意见并带头进行调整。

家长3:我们组的话题是"若家庭教育中成人意见不统一,会给孩子的成长带来哪些不利的影响?"我们已经发现孩子身上有一些这样的毛病,如爸爸妈妈批评孩子时,孩子就会找爷爷奶奶或外公外婆哭诉,然后就会被保护起来,爸爸妈妈很难达到教育孩子的目的。孩子在这样的环境里成长,逐渐养成"见机行事"的习惯,还有就是对孩子养成自律的行为习惯起到了阻碍的作用,孩子总是要有人"盯着",完全不能自律,进入小学以后就不容易养成自觉学习的习惯。

家长4:我们组的话题是"怎样优化家庭成员的教育观念和行为?"我们认可"家长学校"活动,家长借此接受新信息、新观念;针对孩子年龄特点的"育儿沙龙"活动帮助家长解决当下面临的困惑;再就是家长们要多阅读,提高自己的修养,这样必定会达到"优化"的效果。

【导语】刚才家长代表的发言很有针对性。面对孩子的教育问题"家家有本难念的经",怎样把这本经念好是本学期我们共同的目标。总结刚才家长们的汇报交流,有以下几个关键话语可以共勉:目标一致才能确保意见统一,优化观念才能优化教育行为;家教时只有一种声音——办法总是比问题多。当然,我们有时也会疲惫,有时也会情绪化,但是一个情绪化的父母很容易培养出一个情绪化的孩子。因此,我们要高度重视中班这个关键期,它是孩子们情绪管理的关键期,我们做家长的首先要学会管理好自己的情绪,才有可能帮助孩子管理情绪。下面请大家观看故事《相遇不是用来生气的》。

4. 观看故事《相遇不是用来生气的》

【讲稿参考】

相遇不是用来生气的。

每天搭乘公车上下班，来回通勤时间约2小时……有时人少，可以坐在位置上欣赏窗外的风景，人多时，也只能慢慢地挤回家。

每当这时，身边乘客的对话总会不时地传到耳边。前日，在回家的公车上，转程靠站时乘客顿时多了起来，一对上班族男女恰巧在我身边，吸引了我的目光。

可能因为人多，男的不时地将手臂围住女的，轻声地问："累不累？待会想吃些什么？"只见女的不耐烦地回答："我已经够烦了！吃什么你不可以决定吗？每次都要问我。"

男的一脸无辜地低下头，而后说了令我印象深刻的话："让你决定是因为希望能够陪你吃你喜欢的东西，然后看到你满足的笑容，把今天工作的不愉快暂时忘掉。我的能力不足，你工作上所受的委屈我没法帮你，我所能做的也只有这样……"

女的听了后，满怀愧疚地说声："对不起！"男的这才似乎重燃信心般地说："没关系，只要你开心就好。"而后亲吻了女友的头发。

下车前再回头看看这对情侣，男的依旧保护着心爱的人。面对心爱的人，我们时常只在乎自己的委屈，忽视对方的感受，不自觉地伤害了最亲密的人。所以在踏进家门时我告诉自己——难道我要像公车上那位女孩一样，忍心将自己的不满委屈带给身旁的人吗？不！我想我现在应该做的是别再把工作上的情绪发泄在心爱的人身上，破坏了最亲密的关系，并且主动给自己一个微笑。

相遇，不是用来生气的！说得真好！当自己快抓不住情绪时，想想这句话，应该会让繁忙的生活，加些微笑的因子吧！

有一位金代禅师非常喜爱兰花，花费了许多的时间栽种兰花。有一天，他要外出云游一段时间，临行前交待弟子要好好照顾寺里的兰花。

在这期间弟子们总是细心照顾兰花。但有一天,浇水时不小心将兰花架碰倒了,所有的兰花盆都跌碎了,兰花散了满地。弟子们都非常恐慌,打算等师父回来后,向师父赔罪领罚。

金代禅师回来了,闻知此事,便召集弟子们,不但没有责怪,反而说道:

"我种兰花,一来是希望用来供佛,二来也是为了美化寺庙环境,不是为了生气而种兰花的。"

金代禅师说得好:不是为了生气而种兰花的。而禅师之所以看得开,是因为他虽然喜欢兰花,但心中却无兰花这个罣碍。因此,兰花的得失并不影响他心中的喜怒。

同样的,在日常生活中,我们牵挂的太多,我们太在意得失,所以我们的情绪起伏不定,感觉不快乐。

在生气之际如果能多想想,我不是为了生气而工作的,我不是为了生气而教书的,我不是为了生气而交朋友的,我不是为了生气而结婚的,我不是为了生气而生儿育女的。就会为我们烦恼的心情辟出另一番安详。

看完之后,你和朋友、家人要吵架时,请记得,你们的相遇不是用来生气的。

下次要生气时请深呼吸,学会控制情绪。既然相遇了,还是少生气的好。

我们都不是圣人,总是有情绪不佳的时候,但是我们一定要牢记"生气时不教育,教育时不生气"的原则,防止我们轻易地伤害到了来之不易的亲子感情和亲子关系。我们拍摄了一部短片《我的情绪我做主》,听听我们的孩子是怎样理解"情绪管理"的。

---

5. 观看班级自拍视频《我的情绪我做主》

【导语】孩子们知道自己不高兴时想发脾气、想打人、想摔东西、想大哭、想跺脚等都是不良情绪,也知道打人、摔东西等行为是粗暴的不文明行为。作为家长,看完这个短片,应该给予孩子们怎样的支持呢?是不是可以在家里开辟一块"心情宣泄墙",在阳台弄个"打沙袋发泄区"或者是"公仔发泄区"。如果能够用正确的途径让孩子发泄不良情绪,无疑有助于孩子的情绪管理。

有位英国社会学家说：一个人在孩童时期,如果不良情绪得不到正确关注,将有可能成为未来心理障碍的媒介。让我们细细地去品味这位社会学家的忠告,用宁静的心去拥抱世界,用心管理自己的情绪,努力支持孩子。相遇是缘分,相知是福分。感谢各位家长的光临,祝大家晚安！请把物品恢复原样。

再次感谢大家！

图解幼儿园体验式家长会实战

第四章

大班体验式家长会案例

一、大班上学期主题：陪孩子越走越好的是您

（一）家长会计划

1. 会议时间

    月：9月

    日：第三周的周五

    时：晚上 19:30 - 21:30

2. 会议准备

    （1）会场布置：桌椅摆放成既要适合小组讨论又适合做游戏的位置；家长小组名牌四个；《采帧集》按组提前摆放在桌面；提供茶水及标有号码的一次性纸杯（使用后可留在美工区作为手工材料）。

    （2）PPT《陪孩子越走越好的是您》*、《日本幼稚园》*、《蝴蝶的启示》*；兔子舞音乐。保证多媒体设备可以正常使用。

    （3）邀请家委会的家长义工到班级与教师沟通家长会事宜，参与家长会的准备工作。

    （4）班主任召开并主持班会，安排其他教师的分工与合作。

3. 会议分工

    （1）班主任主讲，副班主任负责签到、家园联系卡的核对和制作（有新生的情况下），音乐准备。

    （2）生活老师负责现场拍照（事先为相机充电）、发放白纸和笔、解决家长的饮水问题。

    （3）全班教师共同布置家长会主题环境。

4. 会议流程

    （1）欣赏《采帧集》。

    （2）欢迎新朋友。

    （3）话题讨论。

    （4）游戏：兔子舞新编。

（5）观看故事《蝴蝶的启示》。

（6）观看故事《日本幼稚园》。

（7）家长齐声朗读《家园誓章》。

（二）家长会实战

【开场】亲爱的家长，时间飞逝，转眼间我们的孩子都升入大班了。回顾孩子两年来的学习与发展，我们感慨万千。我们丝毫不用担心孩子们的智力因素，但是非智力因素还是挺让人担忧的，比如孩子们遇到困难能够迎刃而解的表现不多，身体强壮到能够抵抗传染疾病的孩子也不多……我们老师再努力、再优秀，给予孩子们的也只有三年的时间，而您却是孩子一辈子的良师益友，能够给予孩子一生的引导、关怀和支持。因此，今晚家长会的主题是"陪孩子越走越好的是您"。

1. 欢迎新朋友

【导语】本学期，大家庭里又迎来了几位新成员，让我们各组用最热烈的方式表达对他们的欢迎。有请草莓组家长（苹果组、荔枝组和香蕉组依次进行）。

① 草莓组家长以喊口号的方式对新生家长表达欢迎。

【导语】第一回生，第二回熟，三回四回一家人；一家人，互关照，相亲相爱不分手，不分手。欢迎你们！

② 苹果组家长以律动的方式对新生家长表达欢迎。

随着《印第安小矮人》乐曲（两段），组内成员排成一列纵队，合着音乐节拍邀请新成员加入小矮人队伍。

【导语】让我们欢迎新朋友加入我们这个大家庭。

③ 荔枝组和香蕉组家长以献礼的方式对新生家长表达欢迎。

随着颁奖音乐，将礼物——《班级公约》、《致新家长的一封信》、《一日生活安排表》、《幼儿学习任务安排表》、《值日生工作表》、《家园联系卡》等献给新成员。

2. 话题讨论

① 抛出话题。

- 我们对"教育"的理解是怎样的？
- 我们的孩子应该成为怎样的人？

【导语】每个人都经历了婴儿期、童年期、少年期、青年期……在这漫长的成长历程中,作为家长最容易犯的错误就是迷失方向,忘记教育到底是为什么。蒙台梭利认为,"教育就是激发生命,充实生命,协助孩子用自己的力量生存下去,并帮助他们发展这种精神。"我们对"教育"的理解是怎样的?我们的孩子应该成为怎样的人?邀请苹果组和香蕉组的家长探讨第一个问题,荔枝组和草莓组家长探讨第二个问题,各组探讨的时间为15分钟,最后各组代表用3分钟来和大家分享。

② 分享交流。

【导语】首先邀请探讨第一个话题的家长代表分享他们的见解。

家长1:我们组刚才搜索了一下"教育"是什么。鲁迅说:"教育是要立人。"蔡元培说:"教育是帮助被教育的人给他能发展自己的能力,完成他的人格,于人类文化上能尽一分子的责任,不是把被教育的人造成一种特别器具。"陶行知说:"教育是依据生活、为了生活的'生活教育',培养有行动能力、思考能力和创造力的人。"爱因斯坦说:"当你把受过的教育都忘记了,剩下的就是教育。"我们认为,"教育"是培养人、是感化人的过程,"教育"是改变,"教育"是坚持,"教育"是正能量。

家长2:我们组认为,"教育"是让人进步的,包括身体上、心理上、能力上、智力上、情感上、态度上尤其是灵魂上的。身为家长,不是不理解"教育"是什么,而是经常会忘记"教育"是什么。一旦忘记"教育"的本质是什么时,我们的教育行为就会出现偏差,就会给孩子带去负能量。比如,我们训斥孩子时让孩子学会了如何训斥他人,我们斤斤计较时也让孩子懂得了斤斤计较。所以,"教育"就是要我们家长做到更好,才有可能让孩子的未来更好。

【导语】非常感谢两位家长代表的发言,引发了我们对"教育"的深入思考。他们的发言折射出他们身上会学习、善反思的素养,真是我们这个大家庭的骄傲,让我们用掌声感谢他们。接着邀请探讨第二个话题的家长代表分享交流,掌声有请。

家长:我们身边的人,无论是成人还是未成年人,有因为各种问题走不出心灵阴影的抑郁症患者,也有轻易结束自己年轻生命的人。毫无疑问,我们的孩子应该成为有健康体魄、有阳光心态、乐于助人、心地善良、有责任心、有自控力、敢于担当、能伸能屈、热爱生活、珍惜生命的人。

【导语】健康体魄、阳光心态、乐于助人、责任感、自控力等是与生俱来的吗？我们用这两个话题请家长们深入思考：陪孩子越走越好的人是谁？学校和家庭到底谁更重要？我们应该具备怎样的价值观和人生观，才能真的陪孩子越走越好呢？

3. 游戏：兔子舞新编

【导语】接下来，邀请家长一起玩"兔子舞新编"游戏。请注意聆听游戏的玩法和规则。

★ 游戏玩法

家长按顺时针方向围成两个或四个圈。

第一段音乐：家长蹲地，左手抓住自己的脚踝、右手抓前面人的脚踝，随音乐跳兔子舞。

第二段音乐：家长把自己的左手从胯下伸给后面的人握住，右手与前面人的手相握，跳兔子舞。

第三段音乐：双手搭在前面人的肩膀上跳兔子舞。

兔子的舞步是抬左脚（一拍）、抬右脚（一拍）、双脚并拢前行跳（三拍），再重复。

★ 游戏规则

按要求跳舞，每个人随音乐跳起来。

★ 游戏图示

【步骤1】二分之一的家长参与游戏。分为男、女两个圈面对面站立，相互牵手。

【步骤2】所有人松开手,向右转身。

【步骤3】所有人下蹲,每个人用左手抓住前面人的左脚踝,用右手抓住自己的右脚踝。

【步骤4】听第一段音乐跳兔子舞,每个人的手不可以松开。

【步骤5】一边跳一边感受其中的滋味。

【步骤6】听第二段音乐,全体起立。

【步骤7】每个人的左手伸向前面人的大腿下方,抓住前面人的右手,每个人的右手朝自己胯下伸过并抓住后面人的左手。

【步骤8】随音乐跳兔子舞。

【步骤9】跳舞过程中手不可以松开。

【步骤10】一边跳一边体会羞答答的感觉。

【步骤11】听第三段音乐,全体起立、搭肩。

【步骤12】随音乐跳舞,按右脚、左脚、向前跳三次的顺序跳。

【步骤13】游戏者分享游戏的感受。

【步骤14】主持人提炼游戏的价值。

★ 提炼游戏寓意

【导语】亲爱的家长们,这个游戏带给我们哪些感受?有哪位家长愿意分享一下呢?

家长1:第一段兔子舞跳起来,我感觉很累,根本就跳不动。我觉得人生很多时候就是很累的。

【导语】如果我们把第一段兔子舞想象成0-6岁这个阶段,是不是更能体会孩子的不容易呢,尤其是习惯养成的不容易。7-12岁是人格形成的关键期,这两个时期也是父母最操心的时期。在这两个时期里,我们可以多点接纳和尊重,适当的时候拉一把或帮一把孩子,更有助于他们的健康成长。

【导语】我发现在跳第二段舞时,××爸爸很羞涩。能否分享一下当时的感受?

家长2:我的确觉得不好意思,毕竟这个动作还是比较尴尬的。

【导语】第二段舞蹈,如果跟12-18岁这个阶段联系起来,让我想到的是人的青春期,这就是一段羞答答的时期。就像我们跳第二段兔子舞时,很多家长不好意思把手从胯下伸出去。我期待家长们在若干年后,当青春期的孩子惹您不开心时,回味起这个游戏,体谅青春期的孩子也是情不自禁、难以自控的。待他们18岁成人后,会逐渐成熟,就像我们跳第三段兔子舞时的感觉。相比之下,最后一段兔子舞跳起来要轻松自如得多。

【导语】孩子们还有不到一年的时间就要上小学了,进入小学后家长们难免会因为孩子的考试分数而烦恼,只希望家长们记住这兔子舞的启示,接纳孩子不理想的考试成绩,鼓舞孩子不断努力,让他们逐渐对学习产生兴趣。

4. 观看故事《蝴蝶的启示》

【导语】我非常喜欢《蝴蝶的启示》这个故事,我也为人母,每当自己忘记了教育的本质是什么时,我就会想起这个故事,并进行自我反思。请大家跟随我一起细细品味蝴蝶带给我们的启迪。

① 观看故事《蝴蝶的启示》。

【讲稿参考】

一天,一只茧上裂开了一个小口,有一个人正好看到这一幕,他在观察着,蝴蝶艰难地将身体从那个小口中一点点地挣扎出来。几个小时过去了,蝴蝶还在艰难地挣扎。

这个好心的人实在看得心疼,他决定帮助一下蝴蝶:他拿来剪刀,小心翼翼地将茧破开。在他的帮助下,蝴蝶很容易地挣脱出来了。但它的身体很萎缩,身体很小,翅膀紧紧地贴着身体。

他接着观察,期待着它展开翅膀飞起来,成为一只健康美丽的蝴蝶。然而,这一刻始终没有出现!

实际上,这只蝴蝶在余下的时间都极其可怜的带着萎缩的身子和塌扁的翅膀在爬行,它永远也没能飞起来。这个好心好意的人并不知道,蝴蝶从茧上的小口挣扎而出,这是上天的安排,是蝴蝶的成长过程中一个必经的阶段。它只有通过这一挤压过程将体液从身体挤压到翅膀,才能给予翅膀生长所必需的养分,才能在脱茧而出后展翅飞翔。

亲爱的家长,我们希望孩子有力量,变得越来越坚强。我们希望孩子有智慧,遇到问题可以自己解决。我们希望孩子有毅力,任何时候都不轻易放弃。但是,如今,我们的孩子已经是或者快满6岁,在这近6年的时光里,爸爸妈妈、爷爷奶奶又剥夺了孩子多少权利和机会呢?

您还将继续吗?

我们要做的事情很多很多,从故事《蝴蝶的启示》里,您获得了什么?

② 小组讨论5分钟：从《蝴蝶的启示》里获得了什么？

家长1：我们组的家长都很有触动，首先是好心人的举动伤害了蝴蝶，虽然是无心和无意间，但是毕竟都是伤害。我们在带孩子时，也时常犯这种毛病，比如看他吃饭时把饭粒撒满地，自然就会帮他喂饭；还有当孩子在商场滚地耍赖时，我们也都是先顺应孩子。哎！我们组觉得教孩子太难啦。

家长2：我们一致认同这个观念，不应该对孩子过度保护。××妈妈就说他儿子的恋母情结就是过度保护造成的，从孩子出生到现在妈妈从来没有离开过儿子半步，而且还细心地照顾着。孩子今天的问题都是家长造成的，我们认错，也希望老师给予指导。

家长3：我们组认识到一点——溺爱绝对是变相害孩子的表现，我们经常好心办坏事，比如孩子也是家庭中的一员，却很少给他一些为家庭服务或贡献的工作，孩子从来只会索取。时间长了，孩子就会感觉一切都是应该的，没有感谢之心，没有责任感。所以，我们应该调整教育方式。

家长4：我们组××爸爸给我们上了一堂很生动的教育课，他说当他的儿子还几个月大时就让他自己捧着奶瓶喝奶，全家人一致认为男孩子连自己都照顾不来，还指望他干什么大事。难怪××那么会照顾自己和同伴，我们其他家长真是受教育啦，回去立刻"断奶"，孩子能够自己做的事情家长不要帮忙。

家长5：我们组同意以上小组的意见，同时我们组有一个诉求，那就是道理都懂，就是坚持不了多久，希望老师设立督促小组，督促我们持久地去做，才能彻底改掉这个习惯。

5. 观看故事《日本幼稚园》

【讲稿参考】

无数大大小小的包。办理入园手续的第一天，幼儿园就向家长说明，要准备若干个大大小小的包。书包（统一）、装毛毯的包、装餐具的包、装衣服的包、装备换衣服的包、装换下来衣服的包、装鞋子的包；A包多少厘米长，B包多少厘米宽，C包放在D包里，E包放在F包里也清晰告之……两年以后，家长和孩子对这些包包驾轻就熟。日本人对垃圾分类不厌其烦,是否和小时候所受的教育有关呢?

所有的包都由孩子背或拿。即使是皇室的孩子,也是由孩子自己拿包。而中国的家长,生怕把孩子的背压弯了,都抢着帮孩子背包。

反复脱换的行头。日本幼稚园是统一着装的,春秋换装。全年入园中都要穿幼儿园的套头衫和短裤,头戴蓓蕾帽(夏天戴草帽)。孩子穿自己的鞋子,到园后,把套头衫脱掉换玩耍时的罩衣,鞋子换成白色的芭蕾鞋,出户外时鞋子再换回来。午觉起来还要换新的一套,够"麻烦"的。每天起来都要重复那么一次换衣程序,日本妈妈只是观看,从来不伸手帮忙。日本幼儿园就是通过这个每天的穿脱衣服锻炼孩子的生活自理能力,并养成有条不紊做事的习惯。

大冬天穿短裤。无论天气多么寒冷,日本幼稚园里的孩子都穿短裤,起初是会冻病的,而日本妈妈的答案让人目瞪口呆:"是啊,让孩子上幼儿园就是来让他们得病的。"我们的孩子是否太金贵了呢?

教育是为了让孩子学会"笑"和"感恩"。日本幼稚园似乎完全不重视孩子的知识教育,没有课本,只有每月一本的绘本。从来不上数学课、科学课……更没有英语课。在日本,无论走到哪里、无论和谁说话,"笑眯眯"是最重要的。幼儿园里教什么?就是教说"谢谢"!

性别教育。孩子入园前必须学习正确使用厕所的方法,伴随着清洁身体,性教育也就开始了……

《日本幼稚园》的故事,让我们懂得孩子从小最需要的是磨练,这份磨练不仅能够让孩子有健康的体魄、顽强的毅力、耐心做事的习惯,还能让孩子未来成为一个让周围人都喜欢的人。亲爱的家长们,让我们全体起立,一起跟随家委会主任大声宣誓。

6. 家长齐声朗读《家园誓章》

【讲稿参考】

我们共同承诺:

塑造我们的孩子,使他坚强到能够认识自己的软弱;勇敢到能够面对惧怕；在失败中，毫不气馁；在胜利中，仍保持谦逊、温和。

塑造我们的孩子，使他不致空有幻想而缺乏行动；引导他认识真理，同时又知道，认识自己乃是获得真知的基石。

我们共同承诺：

引导他不求安逸、舒适；相反的，经过压力、艰难和挑战，使他学习在风暴中挺身站立，学会怜恤那些在重压之下失败的人。

我们塑造的孩子，心地纯洁，目标远大；使他在指挥别人之前，先懂得驾驭自己；永不忘记过去的教训，又能展望未来的理想。

当他拥有以上的一切，我还要给他添上足够的幽默感，使他能认真严肃，却不致过分苛求自己。

让他谦卑，使他永远记牢，真伟大中的平凡，真智慧中的开明，真勇敢中的温柔。

如此，我们，才敢说："我没有浪费孩子的童年。"

记得陪孩子越走越好的是您，我们也将一直陪同您与孩子们前行。加油！祝家长们晚安，请帮忙把物品恢复原祥，谢谢！

【资料】向家长介绍大班幼儿的年龄特点

1. **自我评价能力逐步发展，情感的稳定性和有意性增强**

　　大班的孩子不再轻信成人的评价，当成人的评价和自己的评价不一致时，他们会提出申辩，也就是我们常说的"小孩越大，主意越大"，不再是成人说什么就是什么了。不过这时孩子的情绪控制能力也会越来越强，随意发脾气的现象会大大减少，但同时也出现了新问题，就是不再愿意轻易地把想法告诉成人，经常会问不出孩子想干什么。此时，孩子的喜好也比较稳定了，有了相对固定的朋友圈。

2. **自理能力和劳动能力明显提高**

　　大班的孩子能选择自己喜欢的、适合的衣服，也能自己独立地入睡，而且非常喜欢参与成人的劳动，在幼儿园里也非常愿意做一些力所能及的事。家长不妨放手让他们做一些事情，这样他们会很高兴，同时各方面生活能力也会得到更大的提高，这也是他们责任感的一种表现。这个学期幼儿园里也加强了每日值日生的工作，由孩子自己负责擦桌子、扫地等，当他们上了小学，也会面临这些工作，并被要求完成。也建议家长指导孩子每两周学习做一个菜。孩子其实很高兴能做这些事情。

3. **合作意识逐渐增强，规则意识逐步形成**

　　大班的孩子会选择自己喜欢的同伴，也能三五成群地一起游戏，这时经常会听到"我不理你了"、"××叫××不要理你了"等闹矛盾时的言语。在游戏中他们能很好地分配各种角色、工作任务。在这一学期，幼儿园里的小组活动形式会锻炼孩子们的团队行为。

4. **爱学、好问，有极强的求知欲望**

　　大班的孩子往往不再满足于等待成人的回答，他们更喜欢自己找答案，他们对百科全书更感兴趣。这时的孩子非常喜欢把玩具拆开，其实不是搞破坏，是他们在探索玩具里面的秘密。他们对自然现象和机械运动的原理开始感兴趣，不妨提供一些废旧的东西让他们拆装。感谢上学期家长们提供的小家电，孩子们非常喜欢，每天都会拆装这些小电器。如果家里还有一些不用的、坏的小电器，希望能带到班里来。

5. 初步理解周围世界中比较隐蔽的因果关系,能根据周围事物的属性进行概括分类

这是其他年龄段的孩子不具备的能力,例如看到乒乓球在倾斜的积木上滚落时,他们会解释"乒乓球是圆的,积木是斜的,球放上去会滚下来",这说明他们能够根据已有经验判断"圆"与"斜"的关系,从中寻找乒乓球滚落的原因。幼儿园在日常生活中会提供很多这类小实验的材料供孩子探索,家长也不妨引导孩子观察一些生活中比较简单的现象,找找其中的因果关系。在事物的归类方面,他们能开始根据事物的本质属性进行初步的概括和分类。

6. 能生动、有表情地描述事物,阅读兴趣显著提高

这一年龄段孩子的语言能力明显提高,能比较系统地叙述生活见闻,能生动、有表情地描述事物。他们对图书有浓厚的阅读兴趣,能够比较长时间地、专注地看书,开始对文字感兴趣,经常会几个人聚在一起读书中的文字。可以提供一些带有文字和拼音的故事给孩子看,他们对于认识的字会非常兴奋,往往会大声念出来。也可以利用更多外出的机会帮助孩子巩固已认识的汉字。本学期的周记内容是:续编故事,以此来培养孩子的想象力、创造力和语言表达能力。

二、大班上学期主题：带着憧憬健康地上小学

（一）家长会计划

1. 会议时间

    月：9月

    日：第三周的周五

    时：晚上19:15 – 21:30

2. 会议准备

    PPT《带着憧憬健康地上小学》★，视频《日本幼儿体能素质锻炼》、《大学生军训晕倒一片》；确保多媒体设备可以正常使用；邀请家委会的家长义工共商家长会事宜。

3. 会议分工

    (1) 班主任在家长会前主持召开一次班会，进行会议中人员分工与合作的安排。

    (2) 全班教师共同布置会场（桌椅摆放成既适合小组讨论又适合做游戏的位置）。

    (3) 副班主任制作小组牌（草莓组、荔枝组、苹果组、香蕉组）四个，准备签到表以及会上所要用到的相关音乐。

    (4) 生活老师负责现场的茶水、纸巾、通知的发放等工作。

4. 会议流程

    (1) 欢迎插班的新朋友。

    (2) 游戏：不一样的成长。

    (3) 观看视频《日本幼儿体能素质锻炼》并讨论。

    (4) 观看视频《大学生军训晕倒一片》。

（二）家长会实战

【开场】尊敬的各位家长，你们好！非常感谢大家在百忙中抽空参加主题家长会

"带着憧憬健康地上小学"。为什么锁定这个主题,源于我们——老师和家委会全体成员一致认为孩子的身心健康是进入一年级的基本保障,期待今晚能够让全体家长达成"带着憧憬健康上小学远比知识、技能的准备更为重要"的共识。下面请大家用热烈的掌声欢迎家庭新成员作自我介绍。

1. 欢迎插班的新朋友

新生家长在班级教师指导下表演三句半式的自我介绍:

> 家长1:我的孩子叫×××,
> 家长2:我的孩子叫×××,
> 家长3:我的孩子叫×××,
> 家长4:是宝贝!
> 家长1:有幸来到××班,
> 家长2:成为家庭新成员,
> 家长3:半夜笑醒偷偷乐,
> 家长4:多关照!
> 家长1:为了孩子要奉献,
> 家长2:奉献时间陪孩子,
> 家长3:奉献资源助成长,
> 家长4:必须滴!!
> 家长1:孩子的问题我反思,
> 家长2:老师叫我向东走——(坐在下面的家长呼应"绝不向西走")
> 家长3:老师的话——(坐在下面的家长呼应"是圣旨")
> 家长4:吾皇万岁!
> 　齐:万万岁!谢谢大家!

大屏幕上呈现每位新家长的照片和一句话介绍:

> 我是_____家长,在_____单位工作,可以为孩子们提供_____服务,请大家多多关照。

2. 游戏：不一样的成长

【导语】感谢新成员三句半式的自我介绍,大家说精彩不精彩？感恩如此和谐、充满爱的大家庭！（主持人深深鞠躬）下面邀请全体家长一起来玩个超级有趣的游戏,游戏的名字叫"不一样的成长"。

★ 游戏目的

家长通过游戏体验由"蛋"变成"鱼",由"鱼"变成"猴",由"猴"变成"猿",由"猿"变成"人"的成长过程,并用心体会成长过程中的点滴感悟。

★ 游戏玩法

每位家长找一个伙伴,两人面对面蹲下,都当"蛋"。听到游戏开始的信号时,开始猜拳玩"石头、剪刀、布"游戏,胜者由"蛋"成长为"鱼",一边模仿鱼游动的动作,一边寻找另一条"鱼"继续猜拳；输者继续当"蛋",并找到另一个"蛋"继续猜拳。"鱼"如果继续获胜升级为"猴",并一边模仿猴子的动作一边寻找另一只"猴"继续猜拳；而输了的"鱼"要被降级为"蛋",寻找"蛋"继续猜拳。如此类推成长为"猿"和"人"。已经成"人"的游戏者离开游戏场地,到指定地点旁观其他游戏者的游戏。

★ 游戏规则

每次猜拳的次数为一盘一胜,整个游戏需本着诚实的态度进行,变为"人"之后按先后离开游戏场地的顺序排队旁观,以区分变成"人"的先后次序。

★ 游戏图示

【步骤1】全体游戏者各自找个朋友,扮演"蛋",蹲在空旷场地上。

【步骤2】游戏开始，两人猜玩拳"石头、剪刀、布"游戏，赢者升级为"鱼"，输者还是"蛋"。

【步骤3】赢者成为"鱼"，一边做鱼的动作一边找"鱼"继续猜拳，获胜后再升级为"猴"，输了降级为"蛋"。

【步骤4】"猴"找"猴"，"鱼"找"鱼"，"蛋"找"蛋"，继续猜拳；"猴"赢了升级为"猿"，输了则降级为"鱼"，"鱼"降为"蛋"。

【步骤5】"猿"找"猿","猴"找"猴","鱼"找"鱼","蛋"找"蛋",继续猜拳,"猿"赢了升级为"人",并站到场外指定地点,输了则降为"猴"。

【步骤6】游戏持续进行,直至宣告游戏结束。

【步骤7】主持人灵活把握时间,随时可终止游戏。

【步骤8】主持人采访第一位变成"人"的游戏者,再采访直至最后还是"蛋"的游戏者,请他们分别谈感受。

【步骤9】主持人总结和提炼游戏价值。

★ 提炼游戏寓意

【导语】亲爱的家长们,游戏玩得开心吗?大家玩得多么带劲,可见游戏对于孩子来说更是不可或缺的,是孩子们生活和学习的基本方式。我们要多为孩子创造游戏的机会,让孩子们在游戏中主动探究周围事物。游戏结束了,邀请家长们谈谈游戏的感受,有请第一个成为"人"的家长上来谈谈感受。

家长:我是这个家庭里最幸运的人,一帆风顺,第一个就成"人"了。感觉特别兴奋、特别的爽,真的。

【导语】我们感受到了这位家长一帆风顺成"人"后的愉悦、兴奋,甚至是激动。请大家把掌声送给他。

接下来有请直至游戏结束还是"蛋"的家长上来,说说自己对仍旧是颗

"蛋"的感受。

家长2：其实我很努力，每次都快要成"人"了，又被打回"蛋"。不过，这个努力的过程很开心，我跟很多家长交过手，有过很多次笑。虽然我还是"蛋"，但做"蛋"的感觉也很好。

【导语】您的分享让我们体会到一种人生的境界。一个人，在成长的道路上，有成功的喜悦，也会有失败的遗憾。但无论成功还是失败，只有内心是平衡的、平和的，才能感受其中的快乐和幸福。

　　亲爱的家长们，如果将这个游戏的感悟跟孩子们的成长联系起来，您是否也认同，虽然我们都希望孩子在成长的过程中能够一帆风顺，但是谁也无法规避孩子成长过程中的"不利因素"。还记得小班第一学期的家长会上，我们谈论过幼小衔接工作从小班孩子学习吃饭、穿衣、整理书包和背书包等自我服务项目启动时就已经开始了，不是等到今天孩子们要上小学了，幼小衔接工作才开始。如今，我们的孩子已经升入大班，又有多少家长错过了孩子入园两年来的幼小衔接关键期呢？幼小衔接不仅仅是认字、学拼音、算术题，更重要的到底是什么呢？希望这个游戏能够带给家长们一些启示，并且愿意提升育儿观念和优化育儿行为。从这一刻开始，请亲爱的家长们真正做到对孩子放手，充分让孩子在成长过程中获得更多、更有意义的亲身体验。

3. 观看视频《日本幼儿体能素质锻炼》

① 观看《日本幼儿体能素质锻炼》视频。

【导语】日本人的民族精神是有目共睹的，邀请家长们一起观看一段令我们无比震撼的视频《日本幼儿体能素质锻炼》。其目的是想让家长们了解日本幼儿园主张从小给孩子"压担子"的良苦用意——适者生存。

② 话题讨论

【导语】亲爱的家长们，是不是感觉非常震撼？请大家用15分钟时间讨论以下两个话题，草莓组和苹果组讨论第一个话题，苹果组和香蕉组讨论第二个话题。各组选一名代表，用3分钟时间交流汇报，然后由老师小结（根据家长的汇报即兴整理、归纳、提升汇报内容）。

- 我们的孩子跟日本的孩子相比较，您感觉弱在哪些方面？该如何面对？
- 您认为孩子在将上小学之际，会对小学有哪些憧憬？我们可以做些什么？

【导语】我们的孩子的确被过度保护了,导致有的孩子摔跤时本能的自我保护动作都丧失;我们的孩子没有机会让皮肤与炎炎夏日抗争,总是被冷气包围,导致皮肤丧失抗热、散热的本能;我们的家长过度强调安全,我们老师也过于害怕孩子受伤,剥夺了孩子释放天性的机会。请大家再看一段新闻视频后,再一起作深入反思。

4. **观看视频《大学生军训晕倒一片》**

【导语】亲爱的家长们,看完这段视频您有何感想?此刻是否意识到我们真的应该高度重视孩子的身体素质?根据两段视频,我们一起反思,要想让孩子带着美好的憧憬上小学,我们应该携手做什么。

希望家长能够把孩子的健康永远放在首位,尤其是当孩子入小学后成绩不理想时,更需要家长保持这样的观念和行为——孩子拥有健康的身心永远是第一位的。

运动是健康的源泉,健康是灵魂的根基。孩子们即将进入小学,家长和孩子都必须有个健康的身体和良好的心态,这是保证孩子们顺利过渡到小学的基础。在这一学年里,让幼儿园与家庭共同努力,给孩子一个健康的身体和心理,十分期待每个家庭持久的热情与配合。感谢您的光临,祝大家晚安!

【资料】可供参考的讨论话题及家长交流情况

1. 您认为孩子目前的健康状况能否适应小学生活，为什么？

（1）家长发言

我们组的家长，只有1-2位认为自己的孩子进入小学后，能够较好地适应小学生活，因为他们的身体素质比较好。其他家长都为自己孩子的身体状况担心，尤其进到小学以后，不能像在幼儿园这样时时刻刻都有老师在身边，小学老师只有在上课时间或者集体活动时间出现在学生面前，课间老师都不在学生身边的。孩子突然没有了大人的照顾，衣服湿了都不会换掉。在幼儿园，老师一天盯着喝8杯水，在小学校园里恐怕一整天都不会喝一口水，我同事说他儿子早上带去的一壶水到了晚上又原封不动地背回家。在学校吃午饭的时间也不如现在充裕，尤其是午睡时间缩短，下午没有精神上课。再加上功课多、压力大，家长也会跟着孩子不由自主地焦虑，焦虑本身就是健康的一大危害。我们担忧孩子进入小学后会有很多的不适应，请求老师支招。

（2）教师小结

这组家长的汇报传递着一种对孩子入学的焦虑心情，对此我们非常理解。孩子如果下个月就要上小学，那我们真的就只有抱歉且爱莫能助，幸好还有一年的时间，还可以做相关的准备，但是要看家长是否愿意尊重这个事实——孩子进入小学后，没有大人无微不至的关照，因此他们必须适应无人照顾的日子，那就得从明天开始让孩子自己照顾自己，如衣服湿了不要帮忙换，想办法让孩子自己换，幼儿园和家庭对于主动换衣服的孩子给予贴纸或其他形式的奖励，待奖励累积到一定数量时可换奖品一个。

2. 您认为要让孩子适应小学生活，哪方面的准备更为重要？

（1）家长发言

我们组的家长一致认为，孩子在上小学以前要具有心理上的准备，知道小学生活和幼儿园生活完全不同，小学老师和幼儿园老师也有所不同；然后就是物质上的准备，给孩子准备的书包、文具等越朴素越好，避免给孩子带来不必要的分心和干扰;最重要的是能力上的准备,比如自我照顾的能力,与同学交往的能力,掌握知识的能力,解决问题的能力等。我们的孩子太金贵,很多锻炼的机会被大人无意间剥夺,导致孩子们的能力比较弱,我们有太多的不放心。

(2) 教师小结

这组家长代表的发言,字字句句里饱含了很多的"不放心"。在孩子入小学前的这一年里,我们最应该做的事情是什么呢?还是要做到真正的"放手",让孩子尝试着自己去照顾自己,或许他们暂时吃不饱、穿不暖、睡不好,但这是必经的成长过程。只有这些经历才能促进他们真正地成长。目前权力还在家长们的手中,我们必须把权力还给孩子,让孩子学会在失败中坚强地站起来,在成功中不断总结经验。我们愿意和家长们并肩前行,随时听候家长们的召唤。

3. 作为家长,您对孩子说话管用吗?家长要说什么样的话孩子才能听和做?

(1) 家长发言

我们组的家长都认为孩子不怎么听话,一个比一个有性格,搞得不是爸爸"凶"一点就是妈妈要"凶"一点,"凶"的效果当时还可以,但事情平息以后副作用很大。比如,有一次,我孩子对家中保姆凶巴巴地说:"你再让我弹钢琴,小心我让我妈妈炒掉你。"当时我是哭笑不得。怎么说孩子才会听呢?一般说好话孩子都爱听,坏话就不爱听,但是我们做不到总是说好话,而且光说好话的话,孩子到了社会上不一定听的都是好话。所以,我们也觉得困惑,想请老师多多指教。

(2) 教师小结

在座的各位家长才是孩子的第一任老师,在教育孩子的过程中,不是哪位家长的文化程度高、育儿知识多就可以做到让孩子听话。我们现在来玩个情境游戏,游戏之后大家再谈谈自己的看法吧。

(3) 情景游戏

① 游戏玩法

请两位家长戴帽子、背好书包,扮演孩子。一个"孩子"伸手去抢另一个"孩子"的玩具,两个人争吵甚至打了起来。"老师"走过去对两个"孩子"说:"老师知道你们都想要这个玩具,但是又只有一个这样的玩具,所以你们才吵架、打架的,对吗?那现在只有一个这样的玩具,两个小朋友都想玩这个玩具该怎么办呢?你们轮流出出主意吧,看看这些主意是不是跟大哥哥大姐姐的主意一样棒。"

② 游戏讨论

教师提问:请问两个"孩子",你们听到老师的引导语有什么样的感受?

扮演者:老师这样的引导不像我们平常那样简单和粗暴,如果我是情境现场的观察者,我会很习惯地说:"怎么啦?怎么啦?又吵架、打架,这个玩具是谁先拿到的?"这样的话,两个小朋友肯定会吵得更厉害,都说玩具是自己先拿到的。但是老师的引导则把两个小朋友引向了正路,这是教育技巧的关键。

③ 教师小结

在成长过程中,一贯表现得很平静、宁静的孩子家里面都有一个或多个极具耐心的家长。刚才老师的引导也没有什么高深的理论,但话语里首先充满了接纳和理解,成人把自己和孩子放在平等的位置,最后是引导孩子争当有本领的大哥哥大姐姐。还有重要的是家长眼中是否看得见孩子的闪光点、看得见孩子的可爱之处;孩子生气时,家长可多采用以下句式——

"孩子,看起来你好像不高兴。"

"愿意跟妈妈或爸爸说说吗?"

"妈妈听完你的表述也觉得很委屈,是他们误解了你。"

"你除了感到委屈,还有别的想法吗?"

"需要妈妈的帮助吗?"

"现在你的心情怎样了?"

小贴士

此案例中出现的"情景游戏",在实际应用时不是教师预先设计的,是临时加入的小环节。也说明了体验式家长会的灵活多变性,考验着主持人的应变能力和随机教育的机智。

三、大班上学期主题：好习惯成就幸福人生

（一）家长会计划

1. **会议时间**

    月：9月

    日：第三周或第四周

    时：晚上 19:00 - 21:00

2. **会议准备**

    (1) 全班教师共同创设会场环境，如可在会场四周张贴成功人士的图片。

    (2) PPT《好习惯成就幸福人生》*、《上学期活动回顾》*，视频《鼠胆猴威——大鹏》、《好习惯成就幸福人生》，确保多媒体文件在电脑上可以正常播放。

    (3) 邀请家委会的家长义工到班级共商会议内容，参与会务准备。

3. **会议分工**

    (1) 班主任主持；副班主任制作、播放 PPT 并准备小组名牌。

    (2) 助教老师负责签到、发放小组讨论用纸、现场拍照。

    (3) 生活老师负责水、桌椅、水果摆放。

4. **会议流程**

    (1) 会前观看 PPT《上学期活动回顾》。

    (2) 认识新朋友。

    (3) 名人好习惯和班级幼儿好习惯的故事分享。

    (4) 游戏：我是船长，我是娘娘。

    (5) 观看视频《鼠胆猴威——大鹏》。

    (6) 观看视频《好习惯成就幸福人生》。

> **小贴士**
>
> 会前家长陆续到班级,先到的家长可以先观看 PPT《上学期活动回顾》。这样的安排是为了节省时间,也能起到回顾和暖场的效果。不过,事前在通知家长准时参会的同时,要让家长知晓会前有这一安排。

(二)家长会实战

【开场】各位家长,晚上好!让我们用特有的方式表达对新成员的热烈欢迎。

1. 欢迎新朋友

播放老生家长的自拍视频,内容是:每个家长的面孔在镜头中逐一出现;全体家长听指挥,致欢迎词。第一排家长说:"欢迎新加入我们这个大家庭的家长们,你们的到来充实了这个大家庭。"第二排家长说:"相遇是缘分,相知是福分。感恩孩子们让我们有机会成为一家人。"第三排家长说:"让我们一起开心地、幸福地和孩子一起成长。欧耶!"

【导语】我们是开心、幸福的一家人,因为我们有着共同的目标、一致的理念和教育行为。我们为有这样的团队感到自豪和骄傲!

不知不觉孩子们的幼儿园生活已经过去了两年,现在只剩下 200 多天,我们非常珍惜。本年度对孩子们来说是冲刺的一年,我们都要为即将到来的小学生活做好各项准备。这段时间我们一直在思考:当孩子 30、40、50 岁时,钢琴、书法、舞蹈真的那么重要吗?到底哪些东西更为重要?邀请各位和我们一起分享一些小故事。

2. 名人好习惯和班级幼儿好习惯的故事分享

(1)观看故事。

【讲稿参考】

故事一:1998 年世界各国诺贝尔奖得主在巴黎聚会。有人问一位诺贝尔科学奖得主:"您在哪所大学、哪个实验室学到了您认为是最主要的东西呢?"这位白发苍苍的老学者回答道:"在幼儿园。"又问:"在幼儿园您学到了什么?"回答;"比如,把自己的东西分一半给小伙伴们;不是自己的东西不要;东西放整齐;饭前要洗手;做错事要表示道歉;午饭后安安静静地休息;学习要多思考,要仔细观察大自然;我认为,我学到的全部东西就是这些。"

故事二:华盛顿是美国历史上最令人尊敬的、堪称美德典范的总统,他的诚实故事家喻户晓。他从小看得最多的一本书,是一本随身携带的小册子——《与人交谈和相处时必须遵循的文明礼貌规则 110 条》。好习惯成就了一个伟大的总统和一个伟大的人。

故事三:伟大领袖毛泽东青少年求学时常常把书籍拿到闹市上去读,培养锻炼自己专心学习的意志力;伟大的革命导师列宁连坐在理发店排队理发时都要阅读一会儿报纸;雷锋在汽车启动前都要读一会儿名人著作,并坚持每天写日记。

故事四:20 世纪 60 年代,苏联发射了第一艘载人宇宙飞船,进舱门的时候,在几十个被挑选的宇航员中,只有加加林一个人整整齐齐地把鞋子脱了下来。就这个动作,让主设计师非常感动。他想:只有把这飞船交给一个如此爱惜它的人,我才放心。在他的推荐下,加加林成为了人类第一个飞上太空的宇航员。

故事五:这是我们班孩子在日常生活和学习中的好习惯的照片或视频。如物归原处、专注做事、遇到困难不轻易放弃、吃点小亏也无所谓等。

(2) 讨论话题。

【导语】关于习惯成就一生的故事还有很多。透过这些故事,邀请家长们讨论以下两个话题。

• 孩子在入学前应该具备哪些好的习惯?
• 如何才能养成和巩固习惯?

【导语】请草莓组和苹果组讨论第一个话题,请荔枝组和香蕉组讨论第二个话题。讨论时间 15 分钟,讨论后各组派一位代表汇报 3 分钟。

(3) 分享交流。

【导语】时间到,哪组代表先来分享呢?掌声有请……

家长1:我们认为孩子在入学之前应该具备良好的倾听习惯,倾听习惯包括:孩子理解语言的能力;自我管理的习惯,包括自觉完成作业、虚心求教以及早睡早起等良好的生活习惯;整理和管理书包、学具的习惯等。在我们组讨论中,感觉孩子的差距越大,我们越焦虑。

家长2:我们认为,习惯是在每一天的生活中形成的,既要求家庭成员具备良好的习惯,还要求做家长的不能懈怠,要经常要求孩子用正确的、良好的习惯生活。比如饭前洗手、物归原处、与同伴分享、喜欢看书等。说起来容易,做起来真的挺难。

家长3:我们组××的家长很成功,看××无论是礼貌习惯、生活习惯还是性格都令我们其他家长羡慕不已。所以建议××的爸爸找个时间为我们开一场沙龙,让我们也好好学习。

家长4:要想养成和巩固习惯,我们感觉特别难。心情好的时候,我们作为家长会特别有耐心地和孩子一起培养习惯,我们累的时候,孩子的习惯就一塌糊涂。感谢老师今天警示我们,我们会重视习惯的培养,从自己做起。还是请老师多督促我们。

3. 游戏:我是船长,我是娘娘

【导语】讨论了这么久,让我们来放松片刻,邀请大家玩个有趣的游戏。请全体起立,各组找地面上与你们小组形象色彩相同的标记(苹果组红色、西瓜组绿色、草莓组粉红色、香蕉组黄色),比一比哪组围圈的速度最快。

★ 游戏方法

全班家长围坐成一个圆圈。任意指定一位女性家长当"船长",这位家长一边做动作一边说:"我是船长。""船长"左边和右边的家长,一边对称地做划桨动作一边喊:"嘿哟嘿哟。"(左右两边的家长同时进行)当"船长"说完两遍"我是船长"时,就用手示意任意一位男性家长,同时说:"你是娘娘。"被指到的男性家长接着说:"我是娘娘","娘娘"左边和右边的家长对称地做手腕花动作,嘴巴还要唱:"哎哟哎哟。"

★ 游戏规则

"船长"和"娘娘"的言语不能超过两遍，可以少于两遍即只说一遍。

★ 游戏图示

【步骤1】全体家长分成若干个圆圈。

【步骤2】所有人席地而坐或站立。各圈指定一人（女性）当"船长"。

【步骤3】被指定的人一边做动作（双手在胸前做"我"的动作）一边有节奏地说："我是船长。"

【步骤4】"船长"两旁的人待"船长"说完,站在左边的人向左(站在右边的人向右)做划桨动作,同时嘴里发出"嘿哟嘿哟"的喊声。

【步骤5】船长只能连续两次说"我是船长",第三遍时必须指向圈中另一人(男性),指的同时说:"你是娘娘。"

【步骤6】被指的人立刻接上节奏说:"我是娘娘。"

【步骤7】"娘娘"左边的人向左边做手腕花动作,同时发出"哎哟哎哟"的喊声,右边的人向右侧做同样的动作。

【步骤8】"娘娘"也只能连续说两遍"我是娘娘",第三遍时必须一边指向圈中一人(女性)一边说:"你是船长。"

【步骤9】被指的"船长"按照船长的口令继续游戏。

【步骤10】游戏中"船长"和"娘娘"的角色要交替进行,不可以连续使用。

【步骤11】所有人席地而坐,彼此分享游戏感悟。

★ 各组组长组织讨论(5分钟)
- 游戏中没有被罚的请举手。说说怎么做到的?
- 游戏中被罚2次以上的请举手。为什么被罚?
- 请围绕游戏与倾听、配合、反应力、四肢协调的关系谈感悟。

★ 教师提炼游戏寓意

【导语】游戏中为什么我们会感到紧张?(害怕出错)出了错会怎样?(罚做俯卧撑20个)那我们的孩子是否也非常怕出错?现在体会到孩子特别怕出错的心情了吧。这里想穿插关于倾听习惯的培养,您在跟孩子对话或者向孩子发出"洗澡了"、"收玩具"等信号时,是否要求孩子与您对视后才对话或发出指令呢?如果没有这样做,孩子是否对您的话或指令反应淡漠呢?因此,以后跟孩子对话前要求孩子与您对视是培养良好倾听习惯的基础。

一个人的习惯一旦形成,不是不可以改,但是改的过程无比艰辛。我们都希望孩子能有好的习惯可以陪伴他们一生,让他们幸福一生。接下来请家长观看心理访谈节目《鼠胆猴威——大鹏》。

4. 观看视频《鼠胆猴威——大鹏》

① 观看视频。

【导语】大鹏26岁，身高1.85米，胆子很小。妈妈费了很多工夫给他找了个航空公司配餐的工作，但没做多久就被辞掉了。于是，他最近在家里练胆，决定把胆练好了再出去。丢了工作后的大鹏胆子更小，更没自信。有一天，妈妈陪他去买衣服，大鹏总问妈妈："红色和蓝色哪件好？"妈妈说："蓝色好看。"而大鹏自己觉得红色好看。最终还是随了妈妈的意愿挑了蓝色的衣服。记者问他："如果你妈妈不在身边你会自己拿主意吗？"大鹏说他会问服务员，服务员说哪件好看他就买哪件，他自己总是拿不定主意。

② 教师引导家长反思。

- 你们觉得大鹏多长时间可以练好胆出去？（大部分家长都说永远没有可能）。

- 大鹏1.85米的个头，大学毕业后却宅在家里啃老。那么，大鹏是怎样一步一步走到今天的呢？

【导语】接下来，邀请一位家长上台扮演大鹏，再邀请一位家长当我的助理。

好的，我们开始进入状态。

其实大鹏小时候也是一个顽皮、好动、活泼、可爱的孩子。总喜欢摸摸这儿动动那儿。妈妈说："大鹏，放下！水那么烫，你怎么能拿？万一烫伤了怎么办？""别碰这个花瓶，很贵的！"逐渐地，大鹏的手没有了。（助理将大鹏的手用纸巾捆绑在一起）

大鹏小时候还是个富有好奇心的孩子，总喜欢蹲在路边看蚂蚁、玩石子。"大鹏，快点走，你回家还要练钢琴、写毛笔字呢，别尽玩这些没用的。快点走！"逐渐地，大鹏的眼睛没有了。（助理用纸巾将他的眼睛蒙了起来）

大鹏再大一点时，开始有了自己的想法，有时还会反驳妈妈呢。"闭嘴，妈妈是为你好，听妈妈的没有错，不听老人言吃亏在眼前。别再说了！"逐渐地，大鹏的嘴巴没有了。（助手将大鹏的嘴巴蒙了起来）

妈妈总对大鹏说："你现在长身体，这碗饭要全部吃完，不许倒饭，吃不下也要努力吃完它！"逐渐地，大鹏的胃也失去了与生俱来的饱腹感，产生了一种饿叫做"我妈觉得我很饿"。"听着，今天特别冷，一天都不许脱衣服！"老师见大鹏运动后满身大汗,请大鹏脱去一件衣服。大鹏说:"不行!我妈说今天不能脱掉这件外套。"大鹏从胃到皮肤每一处毛孔,完全没有自己的冷暖感知。有一种冷叫做"我妈觉得我很冷"。(助理用纸巾将大鹏的身体全部裹住)

大鹏就这样一天天长大,好好学习,直到大学毕业,却无法面对真实的社会,蜗居在家专心练胆。

亲爱的家长,今天的大鹏是不是他妈妈一手辛辛苦苦培养出来的呢?那么,大鹏的妈妈是有心要把儿子培养成这样的啃老儿吗?

③ 家长讨论话题,用时15分钟,各组分享交流3分钟。

- 大鹏的故事揭露了家庭教育中存在哪些有碍孩子发展的习惯?
- 我们要怎样做才更有利于孩子的发展?

【导语】孩子的良好习惯,不仅需要父母的言传身教,还需要一个宽松、温暖的家庭氛围,以及懂得中庸之道的家庭成员。请家长继续看一段视频《好习惯成就幸福人生》,希望可以加深我们的理解,坚定我们的信念。

5. 观看视频《好习惯成就幸福人生》

【导语】每个家庭都渴望能够把最真、最浓的爱给孩子,可是什么是最真、最浓的爱呢?父爱、母爱是温情、是智慧、是责任;是对民族传统美德的传承,是与国际接轨的教育观念的更新;是与孩子共同成长,是为孩子做出的人生榜样。

让我们成为更具爱的能力的父母和老师;让我们每个人都用无私的大爱让孩子们健康、快乐地成长!永远记住"良好的习惯可以成就孩子幸福的人生"。今天的家长会到此结束,祝大家晚安!

【资料】本班幼儿情况及本学期工作介绍

一、本班幼儿情况介绍

本班共有孩子39名,男生20名,女生19名,其中新生4名。据开学以来的观察,班级存在以下情况:倾听习惯、专注力有待加强;个别孩子做事持久性不够;个别孩子做事欠主动,较拖拉;当一个指令下去时,总有一些幼儿需要教师挨个提醒,喜欢干扰同伴,也易受他人干扰;个别孩子在集体行动时自己四处晃悠,导致比别人慢半拍或几拍;做事情虎头蛇尾,怕困难。孩子的知识面窄,应扩大阅读范围。目前我们对孩子应该重点抓学习习惯,希望家长们以身作则做好榜样。

二、班级主要工作

1. 结合《高效能人士七个习惯》的理论,本学期重点围绕"积极主动"、"以始为终"、"要事第一"三个方面培养孩子良好的习惯,并以七个习惯的培养为基础进行微课题研究。比如"人人都是管理者",现已在进行中,我们会根据孩子管理的情况讨论奖励办法,以及是否可以再增加一些管理的范围。"以终为始"可以和跳绳结合,制定目标和计划。"要事第一",指在家里能正确区分事情的轻重缓急,进行合理安排等。本课题需要各个家庭积极参与,请留意平时班级的通知,一起配合完成。

2. 加强孩子一日常规的培养,尤其要养成良好的倾听习惯,对话时学会目光注视对方。为了丰富孩子的知识面,要请大家一起来分类收集图书:动植物、军事、历史、天文、地理等图书都可以提供,建立内容丰富的班级图书角。

3. 加强对孩子的观察和评价,用发展的眼光看待孩子成长中存在的各种问题。接纳孩子,并提供适宜的帮助。教师也会加强对新生的关注,让新生尽快融入集体。

4. 室内学习环境需不断优化,分隔出集体就坐区(与积木区整合)、小组教学区域,增设孩子感兴趣的考古区、首饰区、沙水区等,需要大家一起收集相关材料。科学区里需要增加一些小实验,请材料组的家长每月提供1-2个适合本年龄段孩子玩的实验游戏。家中有不用的、已坏的小电器也可带到班级供孩子拆卸、拼装。

5. 每周五开展年级各班混合的角色游戏"一条街"活动，地点在二楼音乐厅，我们班负责三个游戏：开心剧场、警察局和发型屋，希望家长能协助收集相关材料。

6. 要重视本班的晨会、读书（家长们在家要让孩子熟读一本书，并带到幼儿园分享，为了让孩子读书，××妈妈给每个孩子送了一本汉字游戏书）、小小演讲家等活动。为孩子提供展示自我、增强自信心的平台，培养孩子的团队意识。

7. 组建班级手球队，为孩子提供锻炼身体、增强团队合作互助意识的机会。

三、在家里可以做什么

1. 对孩子倾听习惯的培养。如让孩子听多重指令、听广播、看新闻、复述语句，每天晚间半小时"亲子讲故事"等。

2. 对孩子自我物品管理能力的培养。如让孩子自己收拾书包、房间等。家长要以身作则，不包办、不代替孩子做力所能及的事情。

3. 对孩子及时完成任务的习惯和能力的培养。如让孩子按时交资料，认真报新闻，记录天气情况等（家长努力成为孩子的榜样）。

4. 让孩子学会利用属于自己的时间，可以让孩子尝试模拟课间一刻钟情景如做好下节课的准备，与同伴聊天、游戏等。

5. 每周和孩子一起制定食谱。如每周吃1-2次胡萝卜、枸杞叶等利于孩子眼睛发育的食物。让孩子每两周有一次机会随爸爸妈妈下厨学习炒菜等。

四、大班下学期主题：领袖之风采

（一）家长会计划

1. 会议时间

    月：开学后

    日：第三周的周五

    时：19：30－21：30

2. 会议准备

    （1）会场布置：桌子摆成与家长小组相等的数量，铺上桌布，摆上植物；提供茶水、标有号码的一次性纸杯（使用后可留在美工区作为手工材料）及纸张等，准备蓝色丝带和奖状。

    （2）PPT《领袖之风采》★；背景音乐；确保多媒体设备可以正常使用。

    （3）邀请家委会的家长义工到班级共商家长会事宜。

3. 会议分工

    （1）班主任事先召开并主持班会，安排家长会过程中其他教师的具体分工与合作。

    （2）会议时班主任主讲，副班主任负责签到、家园联系表的核对和制作（如有新生的情况下），相关音乐的准备。

    （3）生活老师负责现场拍照（事先为相机充电）、发放丝带、解决家长的饮水问题。

    （4）全体教师共同完成家长会主题环境的布置。

4. 会议流程

    （1）认识新朋友。

    （2）游戏：报数。

    （3）团队合作：人人是领袖。

    （4）温馨嘉许。

（二）家长会实战

【开场】亲爱的家长,感谢您准时参加会议,请接受我们最诚挚的感谢!(全体教师鞠躬致谢)在我们和孩子一起成长的路途中,是你们用热情与我们共同承担着一份责任,途中涌现出许多领袖式的家长。为了把这种领袖精神发扬光大,今晚我们围绕"领袖之风采"主题,探讨、交流和分享,希望每一位家长都有领袖的气质,并将领袖的特质潜移默化地熏陶给孩子们。

1. 认识新朋友

【导语】首先,邀请家长起立,伸出双手,跟随欢快的音乐、动感的节奏,用我们的热情欢迎新的家庭成员的到来。

播放音乐《欢迎你》,教师带领大家律动。

2. 游戏：报数

【导语】接下来邀请大家玩一个关于责任的游戏,感受那份沉甸甸的责任。倾听是人际交往中很重要的一种能力,对于孩子们来说,现在是形成良好倾听习惯的关键时期。请家长们仔细聆听游戏的玩法及规则。

★ 游戏方法

家长站成一个大圈,按照"1、2"的顺序报数,报数为"1"的站在左边(为A队),报数为"2"的站在右边(为B队)。两队各推选一名女队长和一名男队长。A、B队轮番进行报数比赛,当裁判(教师或家长)说"3、2、1 开始报数"时,一定要听到"报数"二字落音后才可以开始报数否则视为抢报。

★ 游戏规则

若抢报、漏报、错报则成绩无效,两队报数开始就会分别计时。输了的队伍由两位队长接受惩罚。(第一轮做俯卧撑 10 个、第二轮做 20 个、第三轮做 40 个、第四轮做 80 个……)队长不参与报数,可参与游戏讨论。

游戏开始,每队两位裁判到位,一位发令,一位按秒表。主持人在游戏过程中的把握：①分析现场情况和对策。当大家看到队长被罚做俯卧撑时也许会发笑。主持人不用刻意提醒,游戏继续。②进行第二轮游戏时,给各队1分钟时间,用于调刚才报数时的策略。③游戏继续。主持人提示：队长在艰难地做着俯卧撑,您作为团队里的一员,有什么样的感受呢?

★ 游戏图示

【步骤1】现场二分之一的家长参与本游戏,面对面站成两个人数相等的圈。

【步骤2】两个圈分别选出正、副组长2名。两名组长只参与游戏讨论,不能直接参加游戏。

【步骤3】各组用1分钟讨论:如何以最快的速度让全部人报数完毕。

【步骤4】各组邀请台下一位观众担任本组的计时员。

【步骤5】游戏开始,两个圈上的家长分先后游戏,计时员发出口令:"准备好了吗?报数开始。"

【步骤6】报数过程中,不能有抢报、漏报、错报的现象发生。

【步骤7】各圈在报数中如有犯规,停止游戏。待另一个圈游戏结束,将犯规后停止游戏的队伍判为输,该队的两位组长接受惩罚——做10个俯卧撑。

【步骤8】各圈输了后受罚的俯卧撑数量按倍数递增,如10、20、40、80……

★ 提炼游戏寓意

【导语】请两个圈上的家长席地而坐,谈谈自己的感受(教师可有意引领大家谈到"责任",如游戏中第一位家长(队长)受罚时,大部分家长感觉他做俯卧很滑稽、好玩,当这位家长被罚的俯卧撑数量递增时,才发现不对劲。队长并没有参加报数游戏,并没有造成直接的错误却要接受惩罚,似乎有点不公平。于是很多家长帮忙一起受罚。邀请各位围绕责任谈谈自己的感受。

家长1:刚开始,我真的觉得很好玩,但是当组长的俯卧撑罚到越来越多数量时,我感觉不对了,反思到自己也应该承担些责任。感觉很惭愧!

家长2：我也有同感，这个游戏的寓意太深刻，我是公司很重要的负责人，一边游戏一边感悟，我也要将这个游戏借用到公司去，引领全体员工感悟什么是责任。因为自己的不负责或者说责任心欠缺导致的后果，自己是需要主动承担相应责任的。

家长3：一个团队中，真的是需要每个人都努力做到优秀，这个团队才能越来越优秀、越来越有实力。同时，感悟到老师的用心良苦，体会到我们班的齐心协力。感到很幸福！

【导语】从大家的分享中，我感受到责任不分大小，孩子闯了祸，负责任的应该是父母，"子不教，父之过"嘛，所以我们应该尽全力担负起第一监护人的重任。两年来，班级大大小小的问题都是家委会的家长和热心的家长们在解决和承担；老师闯了祸，自然是我们的园长在承担。乐于承担责任的人就是领袖，让我们把热烈的掌声送给游戏中的四位队长领袖们。

3. 团队合作：人人都是领袖

【导语】其实，我们每一个人身上都具有领袖的潜质，有表露出来的，也有正在酝酿中的。接下来我们以四个小组为单位，考验各组的合作性、创造性、表达力和奉献精神。每个小组首先要选出一名组长，这名组长不能是刚才的队长，然后依靠大家的创意讨论出自己团队的口号、徽标，集体讨论并写下该团队将为班级作出哪方面的贡献，以及将组织孩子去什么地方开展亲子活动。这些都要在大纸上体现出来，并请每队的全体成员上台展示，其他团队认真聆听后给予评分。

① 设计口号、徽标。（10分钟）

② 讨论：本团队可以贡献给集体什么？可以开展哪些亲子活动？（5分钟）

③ 成果展示和分享。（15分钟）

团队名称	口号及徽标（参考）	给集体的贡献（参考）	亲子活动（参考）
草莓组	口号：草莓组的宝宝顶呱呱，草莓组的爸妈笑哈哈，感恩老师教育人人夸。徽标：草莓与太阳。草莓是孩子们，太阳是老师和爸妈。	提供参观糖果厂的资源，并协助老师组织，如联系大巴、安排家长助教等。	两次"露营"活动，欢迎其他家庭一同参加。

续表

团队名称	口号及徽标（参考）	给集体的贡献（参考）	亲子活动（参考）
苹果组	口号：全力以赴争第一，酸甜苦辣我都要。	提供参观污水处理的资源。本组成员积极参与家长助教活动。	莲花山放风筝，参观小学活动两次。
香蕉组	口号：香蕉组大朋友齐努力，香蕉组小朋友甜蜜蜜。香蕉香蕉，心与心相交，大手和小手相连。	献爱心，有力出力，有钱出钱，有人出人。	海边游、动物园、红树林。
西瓜组	口号：快乐西瓜组，天天有进步。团结、友爱、互助，一家亲。	提供班级幼儿的生活用品，如洗手液、纸巾等。	三甲岛环岛游、露营。

④ 画树。

【导语】请每个团队共同"画树"。画什么形状的树都可以，一棵、十棵、一片森林都可以。规则是团队里的每个人都要动笔画，只有4分钟，然后进行展示。

西瓜组：学校像多姿多彩的树那样，给孩子多姿多彩的童年生活。

草莓组：大树是老师和家长，小鸟是孩子。希望孩子愉快健康地成长。

香蕉组：每一个孩子就是一棵小树苗，在老师和家长共同的浇灌下长成参天大树。

苹果组：树是人类的好朋友，大朋友和小朋友都应为保护环境而贡献自己的力量。

【导语】××组里有具备绘画才能的家长，他们不仅以最快速度完成，效果还是最好的；××组里有善于理财的家长，可以带动全体组员理财；××组里有善于交际的家长，带动组内开展大大小小的活动等，这就是多元智能理念。我们的孩子也不例外，应尊重他们的个体差异，因人而异，各有所长，也各有所短，切莫拿自己孩子的缺点去跟别的孩子的优点相比较，切勿伤害孩子的自尊心。真正的尊重，首先是接纳，其次便是给孩子适合的教育土壤，建议大家搜索《李克强：教育走得太快，请等等落下的灵魂》一文，它会带给我们深刻的启示。

⑤ 问答题。

【导语】当您陪同孩子在马路边散步或走路，可以做些什么事情？请每个团队把所思所想写在大纸上,时间是4分钟,然后进行展示。

草莓组:可以在马路上背诗、讨论新闻、讲故事、讨论车牌、讲交通规则、聊天、猜谜语、认字、认汽车等。

苹果组:马路上可以走斑马线、看红绿灯、教孩子交通规则、帮助需要的人过马路、教孩子认识垃圾分类、认识交通标志、爱护一草一木、认识汽车知识、讲故事、唱歌、介绍天气、跟交警叔叔问好、注意卫生、认路和方向。

西瓜组:马路上可以和孩子一起讲故事、认识交通规则、介绍大自然。

【导语】生活处处是教育、处处是课本,就看家长真正能付出多少时间和精力给孩子。孩子除了上幼儿园的时间,还有很多时间是与家人相处的,我们只要做个有心人,付出多少就会收获多少,甚至会惊喜不断。

⑥ 家庭配合事项。

【导语】请各组将每天、每周、每月、每学期家庭应该配合幼儿园的事项用5分钟时间写下来,然后进行展示。

每天配合事项:早睡早起;晨间检查孩子的身体状况;让孩子自己背书包;家长带领孩子一起主动与熟人打招呼;认真看幼儿园发布的信息。

每周配合事项:每周日给孩子剪指甲;每周帮孩子记录口述的周记;上网看幼儿园本周周计划安排表;带孩子积极参与小组内的踏青亲子活动。

每月配合事项:严格按照幼儿园的月历进行细致的配合,不能及时配合的请老师批评和指导。

每学期配合事项:参加家长会议;参加幼儿园组织的"家长学校"活动;参加家园联欢活动;参加幼儿园的常规活动,尤其是每班一学期一次的晨会活动策划;至少当一次家长助教。

【导语】在这个话题讨论中,有的家长因平时忙于工作很少陪伴孩子,对园方的配合事项知道甚少;有的家长每天亲自接送孩子,自然对园方的配合事项了如指掌。希望在这个学期里,每位家长能够积极主动配合,并讲究质量。通过这一系列的考验,亲爱的家长们是否发现了自己的领袖才能?希望每个家庭将多元智能理念、随机教育理念、主动配合的精神落实到每一天的行动中去,让我们的孩子将来可以成为一个顶天立地、幸福的人。

4. 温馨嘉许

【导语】亲爱的家长,我们班能取得这么多骄人的成绩,我们的孩子能享受这么优质的幼儿园生活，与一群默默奉献、不求回报的家长是分不开的。接下来请家长们跟随我一起进入感恩的环节。（教师将灯关闭，点燃蜡烛）

【讲稿参考】

鲁迅先生曾经说："感谢命运，感谢人民，感谢思想，感谢一切我要感谢的人。"是啊，只有懂得感恩的人，心底那份甜滋滋的幸福才会像老酒那样越品越醇。请全体家长将桌面上的蓝色丝带拿起来，将椅子轻轻推送到桌子下面，跟随音乐《感恩的心》的旋律，缓缓来到教室的中间，拉成一个大大的圆圈。

首先，请允许我邀请每天都亲自接送孩子来园、离园的家长们（孩子的爸爸和妈妈）站到圈的中央。你们长期坚持接送孩子，牺牲早晨睡懒觉的时间，收获了融洽、牢固的亲子关系。感谢你们给予孩子的陪伴，相信孩子们在你们白发苍苍之际也会努力抽空陪伴你们，因为在你们陪伴的每一天里烙下了"陪伴"的深深印记。请围成圈的家长将手中的蓝色丝带嘉许给圈中央任意一位家长，系在他身上的任意一个地方，并给予他们充满肯定和温暖的拥抱。

让我们用感恩的掌声邀请圈中央的家长回到圈上。接下来，邀请为班级收集区域材料、为班级购买日用品的家长（可照着"爱心记录本"上的名单读名字）来到圈中央。你们的行为让我们老师在加班加点为孩子创设环境时倍感力量，不知疲劳。借今晚这个美好的时光，请接受我们最诚挚的感谢。请家长们为他们系上蓝色丝带。你们这种大爱的行为将深深地影响着孩子。请圈上的家长将手中的蓝色丝带嘉许给圈中央任意一位家长，系在他身上任何一个地方，并给予他们充满感激和热情的拥抱。

让我们再次用感恩的掌声邀请圈中的家人回到圈上。接下来，让我们用最热烈、最长久的掌声邀请家委会的家长们来到圈中（可换一首音乐《我想飞得更高》）。请接受我们最浓烈、最诚挚的感谢：感谢你们无私的大爱精神和行动，任何的大小活动你们总是忙前忙后。忙的时候，孩子也不能按时回家，跟着我们一起挨饿、受累；你们还要帮我们一起承受偶尔的误解和委屈。千言万语无法表达内心的感恩之情,请先接受我们三位老师对于你们的嘉许!(老师系好丝带后,要深深地、长久地向被系丝带的家长鞠躬。并事先跟几位家长说好,待老师系好丝带她们就带头为家委会的家长们系丝带)。邀请圈上家长将手中的蓝色丝带嘉许给圈中任意一位家长,请系在他身上任何一个地方,并给予他们充满感恩和热烈的拥抱。

居里夫人曾说:"不管一个人取得多么骄傲的成绩,都应该饮水思源,应该记住是自己的老师为他们的成长播下了最初的种子。"让我们每个人都做一个懂得感恩的人,把今晚的感动和感恩铭记心间,用感恩的心和行为投入到新学期的生活和工作中去,用领袖的身姿迎接新学期的到来,以阳光的心态面对美好的新学期。再次感谢大家!祝大家晚安!(把物品恢复原位)

小贴士

为了节省时间并提高家长会的效率,可让每组家长分别承担"设计口号和徽标"、"画树"等任务。"开展哪些亲子活动"作为每组必备讨论话题,即每组合作完成两项任务即可。

五、大班下学期主题：感恩的心，感谢有您（毕业礼）

（一）家长会计划

1. 会议时间

月：开学后

日：第三周的周五

时：晚上 19:30 - 21:30

2. 会议准备

(1) 会场布置：搬走桌子，椅子摆成马蹄形；提供茶水及标有号码的一次性纸杯（使用后可留在美工区作为手工材料）。

(2) PPT《感恩的心，感谢有您》★；自拍视频《老师再见了》、《天使不哭》；蓝色丝带若干；背景音乐；烛台和蜡烛四个；确保多媒体设备可以正常使用。

(3) 将全班幼儿的姓名写在小纸片上，写法为"死党——×××"，并反复折叠直至看不见字迹，装在各个器皿中；按家长就坐名单放在各组桌面；请家长带一张孩子的生活照片来开会。

(4) 邀请家委会的家长义工到班里与教师共同完善家长会议内容，参与会议准备工作。

(5) 班主任事前召开并主持班会，具体安排家长会中其他教师的分工与合作。

(6) 在家长会前把全体家长分成3-4批，依次站到台前接受嘉许。在家长接受嘉许的过程中，教师还要把家长在日常生活中为幼儿园、为班级、为幼儿所做的点点滴滴用生动的语言描述出来，营造浓浓的情感氛围。

3. 会议分工

(1) 班主任主讲，副班主任负责签到、家园联系表的核对和制作（如有新生的情况下），相关音乐的准备。

(2) 生活老师负责现场拍照（事先为相机充电）、发放丝带、解决家长的饮水问题及环境布置等。

4. 会议流程

(1) 家长会开始前欣赏《采帧集》。

(2) 游戏：你在我心里。

(3) 给想感谢的人写封信。

(4) 观看自拍视频《老师再见了》。

(5) 观看自拍视频《天使不哭》。

(6) 嘉许"我的家人"。

（二）家长会实战

【开场】亲爱的家长，孩子们即将和我们道别升入小学，心中有太多的不舍。每次只要一谈到这个话题，孩子们就会痛痛快快地哭上一回。是啊，三年的朝夕相处经营着多少情感，哪能说走就走了呢。可是，孩子终究要长大，无论心中有多少不舍，我们都会将离别的伤感化作对孩子衷心的祝福。今晚主题家长会"感恩的心，感谢有您"现在开始。

1. 游戏：你在我心里

【导语】回首这三年多的时光，我们从陌生到熟知，从熟知到依赖，从依赖到难分难舍……相信我们即便是闭上双眼，用手摸一摸对方的双手就知道他是我们家的哪一位成员。请大家玩"你在我心里"游戏。

★ 游戏方法

先请草莓组和香蕉组的家长拿起桌面上的眼罩戴上，在台前站成一横排；再请其他所有家长静悄悄地走上来，找一位带眼罩的、熟悉的家长面对面站好，不要发出任何声音。

★ 游戏规则

戴眼罩的家长只能摸对方的双手；没有带眼罩的家长不能发出任何声音。

★ 游戏图示

【步骤1】所有游戏者摘除手上的饰物，分 AB 两个小分队。

【步骤2】A队戴上眼罩,B队在A队看不见的地方候场。

【步骤3】B队静悄悄地走到A队跟前,一对一站立。

【步骤4】B队游戏者伸出任意一只手给对面的 A。

【步骤5】A队游戏者通过一边摸手一边判断,说出 B 队游戏者的姓名。

【步骤6】B队游戏者要全程保持安静。

【步骤7】游戏者谈感受,主持人提炼和总结游戏的价值。

★ 提炼游戏寓意

【导语】由哪位家长说说游戏感受?

　　参与游戏的家长基本上都能辨认出对方是谁,可见大家在情感投入和经营中是足够的。个别家长还有些困难,希望在这最后的一学期里,快马加鞭,将失去的损失夺回来哦。

2. 给想感谢的人写封信

【导语】三年来,这个大家庭里的每个人都在默默地奉献着爱,也享受着来自四面八方的爱。请拿起桌上的笔和爱心纸片(手掌心大小),将您想要感谢的人和想对他们说的话,轻轻地、柔柔地用关键词写在纸上。可以是给家人的、可以是给孩子的、可以是给父母或伴侣的、可以是给园长或老师的。(播放背景音乐《感恩的心》)

　　接下来,我们按草莓组、苹果组、香蕉组、荔枝组的顺序,每组家长轮流大声地将爱心卡片上的关键词读出来。(一位教师现场记录在黑板上)

　　我们来看看记录下来的关键词,感谢的对象是谁?(爷爷奶奶或外公外婆、孩子的妈妈或爸爸、家委会家人、××老师……)出现频率最高的词有哪些?(付出、温暖、幸福、快乐、成长、不舍、收获、友谊地久天长……)

　　三年来,我们有过太多的酸甜苦辣,我们一起欢笑过、哭泣过、幸福过、忧虑过、拥抱过、抱怨过。在这即将离别的时刻,我们希望时光停留。让我们百倍珍惜这短暂的一个学期,用心静待花开。

3. 观看自拍视频《老师再见了》

【导语】在××妈妈的精心策划和组织下,我们拍摄了一段记录着孩子们在幼儿园生活的视频《老师再见了》,这个片子记录着已逝的三年时光,看着它我们不禁潸然泪下。现在,请亲爱的家长们带着一颗感恩的心一起来观赏。

我跟大家一样,每看一遍都会泪流满面。一边看一边感慨这么优秀的家长以后不能每天相见,这个大片一样的纪录片留下了孩子珍贵的镜头。让我们用热烈的掌声感谢××妈妈送给我们如此珍贵的礼物。

4. **观看自拍视频《天使不哭》**

【导语】三年前,孩子的模样我们还有多少记忆?再请家长观看在小班孩子刚入园时,幼儿园请专业摄影团队在各班蹲点、跟踪拍摄后制作的视频《天使不哭》。

孩子们真的长大了,我们能够陪伴孩子们三年,和他们一起成长是幸福的。看着孩子们的点滴进步,我们倍感欣慰和自豪。

5. **嘉许"我的家人"**

【导语】这些视频只是孩子们在幼儿园三年生活的缩影和片段,但它足以感动我们,我相信每个人心里都充满着感激。

(1) 与"死党"面对面。

【导语】这三年来,我们收获了友谊,收获了丰富的感情。在这里,我有一个倡议,倡议每位家长找到另一位家长,作为您一生的"死党"。何为"死党"?就是无论在什么地方、什么时候,无论贫穷还是富贵,你们两个家庭都是绑在一起的,都要相互关爱,同甘共苦,为双方的孩子搭建有益的成长平台,努力使他们成为发小,成为兄弟姐妹。大家说这个点子有创意吗?

请各位家长搬起您的椅子,跟您事先约定的"死党"面对面坐在一起,交换你们孩子的照片,并将这张照片在今晚回家后放在家中很重要的位置。现在给你们5分钟交谈的时间。

(2) 嘉许。

【导语】全体家长起立,拿起面前的那把蓝色丝带,把椅子轻轻推进去,向后跨一步围成一个大圆圈。请紧闭双目,跟随我一起走进一个感恩的世界。当我请您睁开眼睛时才可以睁眼。

① 闭目聆听,共同步入感恩的世界。

【导语】当地球出现,当我们在母体中孕育降临于人世,当我们成长、成熟、成功,我们接受了世间多少的恩赐,接受了多少人的关爱,接受了多少无形与有形的帮助。所以,我们感恩,我们感谢大自然,感谢大地和阳光;感谢生我养我的父母；感谢朋友、兄弟、姐妹给予我们友爱、亲情的帮助……还记得吗？那一件又一件的玩具是谁采购的？那一次又一次的旅行是谁组织的？那一摞一摞的复印资料是谁抢着做的？教室里每天穿着蓝色背心的助教身影又是谁？一张又一张的精彩瞬间影像是谁为我们留下的？一本一本的《采帧集》是谁熬红了双眼也没有一声抱怨而制成的？你心里藏着多少感谢，让我们睁开双眼，把手中的蓝色丝带系在你最想感谢的人身上，并拥抱她（他）说声："谢谢您！有您真好！"

② 相互系蓝色丝带。

③ 搭起坚固的人床，温暖最值得感谢的人。

【导语】应家委会组织的要求，以下的环节交给他们来主持。有请家委会成员隆重登台（颁奖音乐响起）。

家委会：让我们站成两横排，用我们的臂膀搭成坚固的人床，把我们最要感谢的人抱上去，轻轻摇晃着她（他），在她耳边轻轻地诉说心中要感谢的话语……（播放音乐《我想飞得更高》）

【导语】让我们将今晚这一难忘时刻珍藏在记忆里，愿我们的友谊地久天长，愿我们永远做个懂得感恩的人。祝大家晚安！

小贴士

"死党"的结对需要在家长会之前经由家长商量讨论后确定，以自愿结对为原则。

嘉许环节邀请家委会成员主持是为了唤起全体家长对教师的感恩之情（教师一个一个地被抱上人床，最后被抱上人床的是班主任）。会议召开之前教师要和家委会成员沟通，将此环节委托给家委会成员。这个环节十分感人和令人奋进，建议同仁们大胆尝试。

观赏视频前，两位教师负责关灯和摆放提前准备好的烛台和纸巾。召开家长会之前记得将视频拷贝在电脑桌面上，以便顺利播放。

六、大班下学期主题：园庆路上让我们无限感恩

（一）家长会计划

1. 会议时间

   月：开学后

   日：第四周的周五

   时：晚上 19:15 - 22:30

2. 会议准备

   (1) 桌椅摆成 4 组，桌上放置小组名牌和幼儿的《采帧集》相册。

   (2) 标有号码的一次性纸杯摆在餐桌上（饮水自助）。准备与家长人数相等的爱心形状纸与笔，A3 尺寸的纸每桌 2 张（其中一张提前设计好表格）。

   (3) PPT《国庆路上让我们无限感恩》★、《悟出来的味道》★；背景音乐；确保多媒体设备可以正常使用。

   (4) 邀请家委会的家长义工到班级里与教师共商家长会议事宜。

3. 会议分工

   将以上会议准备的事宜提前分工，待临近家长会召开之前几天再由班主任召开班级会议进行细致分工（可参考前面案例）。

4. 会议流程

   (1) 全园家长观看幼儿园历史回顾片（25 分钟）。

   (2) 园长讲话（15 分钟），然后回各班。

   (3) 分班召开会议。

   ① 欣赏《采帧集》。

   ② 重温幼儿入园时的自拍视频《天使不哭》。

   ③ 园庆脑力激荡。

   ④ 游戏：品味园庆味道。

   ⑤ 观赏故事《悟出来的味道》。

（二）家长会实战

1. 欣赏《采帧集》

【开场】欢迎亲爱的家长，对于你们的到来我们做了特别的准备，请接受我们最诚挚的感谢！来得早的家长都已欣赏过新鲜出炉的《采帧集》，还是老规矩，用几分钟时间让大家提出完善意见或其他感言。

2. 重温幼儿入园时的自拍视频《天使不哭》

【导语】时间过得太快，还有不到70多天的时间，孩子们就要从这里毕业进入小学，心中有太多的不舍，甚至是依恋，让我情不自禁地想起了孩子刚入园的情景。现在，邀请老朋友和新朋友一起观赏《天使不哭》（这是一部记录孩子从入园第一天哭哭啼啼找家人、不吃不喝要老师抱或是跟在教师后面做小尾巴，过渡到开开心心进入幼儿园愉快生活状态的视频，片子渲染了教师尽心尽力、默默付出的场景），让我们更加珍惜这为数不多的幼儿园幸福生活。

这段片子虽然不能把每个孩子的成长经历都记录进去，但是我相信它一定会深深地嵌印在我们的脑海里、铭记在我们的心中。让我们永远记住"每个孩子在每个时期有不同的习性，妄加评判和随意的说教都不如多陪伴孩子、多听取孩子来自心底的话语"。现在，请拿起眼前的笔，将我们最想对孩子说的一句话写在粉红色的爱心纸上，将想对幼儿园或老师说的话写在大红色的爱心纸上。格式是："亲爱的×××"，然后是想说的一句话，落款是"爱你的×××"（播放背景音乐《友谊地久天长》）。

3. 园庆脑力激荡

【导语】本学期我们迎来幼儿园××周年园庆，我们既欣喜也紧张，欣喜的是孩子们会有许多展示自我的平台和机会，能提升他们的自信心、锻炼胆量、增强集体荣誉感；紧张的是我们又要掉一身肉、脱一层皮、散掉骨头架子。因为大班幼小衔接工作本来就很多，上周四我们召集家委会的家长围绕"园庆脑力激荡"开了2小时的工作会议，达到了幼儿园与家委会沟通、碰撞的目的。今晚，我们更是要调动各小组的力量，再次进行"园庆脑力激荡"。

本学期幼儿园准备举办两个重大活动，一个是5月30日—6月5日××美术馆画展；一个是6月25日—26日在××剧院的音乐会。宗旨是全园个孩子都是画家、艺术家,也都要登台表演。下周一早晨是"园庆启动仪式"。我们和家委会共同设计了系列活动。接下来,邀请在座家长共同完善这些系列活动。

先看看我们整个大班组围绕园庆将要开展的一些工作。

① 介绍画展的进展情况。

【导语】请各组讨论第9周至15周的"园庆系列活动"。

话题1:关于音乐会的问题。

- 你们认为音乐会的宗旨和目标是什么?
- 各个合唱队的小演员该如何分配?孩子的站位有前有后、有正有偏,该怎样理解?
- 音乐会上孩子的表演服装采用怎样的方式解决?
- 您是否有时间来幼儿园担任排练助教老师,与我们一起带领孩子愉快地排练?

话题2:关于画展的问题。

- 画展中的作品以怎样的形式展出?每个孩子展出几件作品?
- 作品的材料我们可以用怎样的方式提供?
- 您是否同意将画展中的义卖钱款全部捐赠给联合国儿童基金会?说说您的想法。
- 您认为什么时间来园参与亲子制作更为合适?怎样安排?

② 各小组选择话题中的任意2个问题进行,用时30分钟,然后用5分钟汇报。

【导语】再次证明集体的力量是无穷的,团队的智慧是无限的。感谢各位献计献策,感谢各位的理解和支持。有你们做我们的坚强后盾,我们一定不会辜负大家的厚望。

4. 游戏:品味园庆味道

【导语】请家长玩"品味园庆味道"的游戏,相信本次园庆活动一定充满了酸甜苦辣,请家长做好充分吃苦、受累的准备,但同时我们也会收获满满。

★ 游戏方法

各位家长快速拉个圆圈。主持人说:"马兰花开。"家长就问:"几月开?"主持人答:"三月开。"家长再问:"开什么?"主持人说:"开音乐会。"然后每个家长就要快速找三个人站在一起,并做跟音乐相关的动作。如果主持人答:

"五月开。"就是暗示家长以 5 人为一组。说到"开画展"时,家长就要做有关艺术的动作;说"开玩笑"时,家长就要发出大笑的声音;说到"开大炮"时,家长就要彼此"开炮"并发出"轰轰轰"的声音。

★ 游戏规则

游戏者根据口令快速反应,做相应的模仿动作。违规者抽签回答如下问题:

- 你觉得这三年来孩子最突出的进步是什么?
- 孩子爸爸(或妈妈)对孩子的教育方式你感到满意吗?为什么?
- 孩子要上小学了,你最担心的是什么?
- 你认为家庭教育中的哪些方面最重要?
- 你对孩子目前的发展水平满意吗?为什么?
- 你期望孩子未来成为怎样的人?
- 幼儿园或小学每个周末都有事情需要家长配合一起做,你乐意吗?为什么?
- 你知道孩子最好的同学是谁吗?你期待幼儿园组织怎样的亲子活动?
- 请讲一件孩子最令你感动的事情?
- 当孩子生病时,你对孩子的期望值是什么?为什么当孩子康复时,你会忘记当时对他(她)的期望?

5. 观赏故事《悟出来的味道》

【导语】亲爱的家长,人生短暂,我们总在得与失中权衡,权衡来权衡去,原来"得"与"失"其实是一对好兄弟,他们总是同时存在。天地万物,自有其生存之道,冥冥中自由安排,做好本分一切顺其自然。请家长和我一起观赏《悟出来的味道》。

今天虽然不是感恩节,但是我们一定不要忘记曾经帮助过我们的人,包括父母兄弟姐妹和朋友,让我们永远珍惜这份友情,珍惜这仅剩的 70 多天的美好时光,让我们在园庆活动的过程中幸福相伴。期待大家一如既往的理解、支持!请接受我们老师最诚挚的感谢!谢谢你们一贯以来的理解、支持和厚爱!我们会把这份感情永远铭记心底,因为孩子是我们的至爱。祝大家晚安!

图解幼儿园体验式家长会实战

第五章

留守儿童居多幼儿园的主题家长会

一、设计意图

在 2016 年 5 月的一场面对全国幼教同仁的培训班上,我作了一天关于"体验式家长会"的专题讲座。当时,一位教师举手站起来问:"匡老师,想请教您,我们是乡村幼儿园,绝大多数都是留守儿童。我们该怎样开家长会呢?"顿时,我对这位乡村幼儿园教师的敬意油然而生。由于现场人多、时间较紧,当时仅给予她一些粗浅的思考和方法。事后,我思潮澎湃,查阅资料、穷思琢磨,补充撰写了此案例。希望它能给予留守儿童较多的幼儿园教师们一些启迪和借鉴,期待教师能凝聚留守儿童家长们的力量,设法增加父母与留守儿童的交流、相聚与陪伴,让留守儿童的童年生活能够得到更多的快乐,后续学习能够顺利平稳过渡,未来人生能够不留遗憾且温馨幸福。

由于时间仓促,仅提供了一则案例,教师们在设计其他案例时,应本着让幼儿与远方的父母多交流、多沟通的原则来设计留守儿童的家长会。为留守儿童们营造爱的氛围,让他们获得爱的能力。

二、家长会计划

1. 会议时间

    自选

2. 会前准备

    (1)(40 个家庭内)教师与班级 10-12 位具有一定儿童观的家长个别沟通,邀请他们成为班级网络家委会的成员。

    (2)建立全班家长微信群和 QQ 群。将全班各家庭分成 4-5 个小组,各组选出 1-2 名家长为本组的小组长,制定小组长的职责明细。

    (3)各小组建立分组微信群。商议和确定《幼儿园微信群管理办法》,并发布在群里供家长自学和相互监督。

(4) 讨论并制定"把爱给留守孩子"的相关规定。如：

- 每周每个孩子的父母须跟自己的孩子视频通话 3 次。
- 园内或班级没有外出打工的父母是全园孩子的父母。
- 每天来园和离园时段,教师拥抱每个孩子并说："我爱你,××小朋友。"
- 每学期召开两次网络家长会,每个家庭务必参加。
- 每个孩子的爸爸或妈妈每两周主动与教师通过微信聊孩子的近况 1 次。
- 每个孩子的爸爸和妈妈每年务必与孩子团聚 1-2 次。

(5) 召开会议前,教师与幼儿一起利用废旧材料制作手工爱心数颗;请远在外地打工的父母拍摄小视频《宝贝,我爱你》(要求父母双方在镜头中大声说出："宝贝,爸爸(或妈妈)爱你",并承诺今年回家与幼儿团聚的时间,再做出亲亲幼儿的动作)。

3. 会议准备

(1) 会场布置：布置"爱心树"一棵；桌椅摆放的位置既适合小组讨论又适合游戏；制作家长小组牌四个(草莓组、苹果组、荔枝组、香蕉组)及家园联系卡；提供茶水及标有爱心号码的一次性纸杯(使用后可留在美工区作为手工材料)。

(2) 班主任事先召开并主持班会,安排家长会议中其他教师的具体分工与合作。

(3) 提前两周通知所在班级的全体家长参加家长会的具体时间。

(4) 幼儿与家长一起来开会,安排幼儿坐在家长的身旁。

4. 会议分工

班主任主讲(主持),副班主任负责签到等准备工作；全班教师共同布置家长会主题环境。

5. 会议流程

(1) 父母拍摄的小视频分享。

(2) 欣赏故事《爱心树》。

(3) 亲子游戏：拍手传小熊。

(4) "超级爸爸"和"超级妈妈"。

(5) 小组活动：游戏。

(6) 小组活动：讨论。

三、家长会实战

【开场】亲爱的小朋友、家长们,晚上好!请允许我代表幼儿园和班级全体老师对你们的准时到来表示最热烈的欢迎和最诚挚的感谢!

为了本次会议,我们做了很多准备工作。(教师拿出手机)我们建立了全班的家长微信群和各小组的微信群,以后我们要督促爸爸妈妈多跟我们微信视频聊天,小朋友你们说好不好呀?

现在老师就一一分享你们爸爸妈妈拍的小视频,请小朋友仔细看哦。

1. 父母拍摄的小视频分享

【导语】小朋友,爸爸妈妈在视频里说了些什么?

原来,爸爸妈妈为了让我们都可以上学,为了给我们更好的生活,不得不到很远的地方去工作、挣钱,他们也很辛苦,对吗?那你们想念爸爸妈妈吗?想他们了可以做什么?(打电话、视频聊天、要求他们回家看我们等)我们也大声地对爸爸妈妈说:"爸爸妈妈我想你!"(教师现场拍视频发到全班微信群中)。

爸爸妈妈在外面打工,平常是谁在照顾我们的生活呀?(爷爷奶奶、外公外婆……)他们的年纪很大了,照顾你们很辛苦,尤其是在你们生病的时候,他们很着急,变得更加的辛苦。接下来,请大家看一个故事,名字叫《爱心树》。

2. 欣赏故事《爱心树》

【导语】亲爱的爷爷奶奶,这个时候本该是你们享清福的时候,但你们还是有操不完的心,为了这些孙辈们,你们真的辛苦啦!我们替远在外地打工的儿女们,深深地给您鞠上一躬,表达对您的感激之情和歉意!

接下来,我们大家一起玩个游戏,游戏的名字叫:拍手传小熊。

3. 亲子游戏:拍手传小熊

★ 游戏方法

家长和幼儿围坐成两个圆圈。里面一圈坐的是幼儿,幼儿的脸朝向圈外;

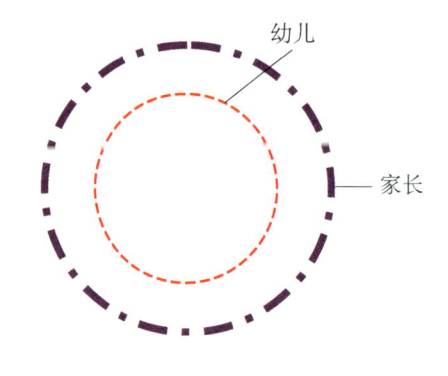

圆圈外面坐的是家长,面朝圈内(亲子面对面坐)。

教师将小熊玩具仟意放在一个幼儿的手中,大家一起快速整齐拍掌,教师喊"停"时,玩具落在哪个幼儿手中,这个幼儿就要大声地对面前自己的奶奶或爷爷说声"我爱你,奶奶(或爷爷)",也可以和奶奶(或爷爷)抱抱。

4. "超级爸爸"和"超级妈妈"

【导语】亲爱的小朋友们,你们的爸爸妈妈虽然远在外地,不能每天陪伴你们,但是我们班××的爸爸妈妈愿意当我们全体小朋友的超级爸爸和超级妈妈,你们说好不好?让我们来好好地认识和了解他们吧。

看,××的爸爸很健壮,身体棒棒的、力气大大的,他想通过抱抱小朋友的方式,让小朋友知道他是大力士。想被抱抱的小朋友站起来。

××的妈妈等急了,她为我们准备了特别好听的故事,请小朋友用掌声邀请××妈妈上来给我们讲故事。

亲爱的家长们,为了尽可能地给每个孩子多一些的关爱,让他们内心持久地感到温暖,老师将全班家庭分成了4个小组,每个小组都选好了两位组长。接下来,请各位组长把本组的家庭成员带到指定的桌前,进行小组活动。(请家长将各自的凳子搬过去)

5. 小组活动:游戏

(1) 适宜大班的游戏:互相访谈。

① 游戏方法。

在卡片上写相同类别物品或有联系的词句,然后每人抽签。抽到相同类别的人为一组,如:抽到香蕉和橘子的为一组,然后两两互相访谈(可以问的问题:名字、最喜欢别人怎么称呼你、你最大的心愿是什么等),时间为2-3分钟。

② 游戏规则。

幼儿参加游戏,家长观察并给予适当的支持。

③ 游戏准备:字卡。

(2) 适宜中班的游戏：手指碰碰碰。

① 游戏方法。

参与者围成一个圆圈，一位家长间隔一位幼儿。每个人的右手掌心向下张开，左手的食指竖放在左侧人张开的掌心下。大家一起念儿歌："'咚咚咚'开门呀，你是谁——呀？我是×××（读自己的名字），你要找我干个啥？我要找你一起耍。"过程中如遇念到"你、我"人称词时，则迅速抓住相邻人的手指。

② 游戏规则。

不得抢节拍；没有抓到手指的人站起来自我介绍或表演节目。

③ 游戏准备。

将儿歌写在黑板上，供大家看见（也可以在会前发给每个家庭熟读或背下来）。

(3) 适宜小班的游戏：快乐"轮蹲"。

① 游戏方法。

游戏者围坐成圈，游戏时全体起立。游戏者一边念："我蹲、我蹲、我蹲蹲蹲。"组长接着说："女生蹲。"（还可以说：男生蹲，扎辫子的蹲，穿鞋子的蹲，穿红衣服的蹲，有眼睛的蹲等）

② 游戏规则：出差错的人自我介绍或表演节目。

③ 游戏准备：座位摆放成圈。

6. 小组活动：讨论

话题1：你们小组认为本学期最需要解决的教育困惑是什么？

解决这些困惑，你们小组可以在哪些方面提供支持？

话题2：你们小组怎么看待孩子在幼儿园里发生的各种矛盾？

本小组在解决孩子间矛盾中可以提供怎样的支持？

话题3：我们乡村幼儿园和各家庭的共同目标是什么？

在实现这些目标的过程中，各家庭可以给幼儿园哪些方面的支持？

话题4：您期待孩子在成年后有怎样的生活？

为了帮助孩子实现理想，家庭和幼儿园最需要做的是什么？

【导语】亲爱的小朋友和大朋友们，今天晚上你们开心吗？今晚收获多多，有各位家长的大力支持，有远在他乡的孩子们爸爸妈妈的密切配合，有超级爸爸和超级妈妈的大爱，我们的孩子一定会健康快乐成长，长成一个对社会有用的人。让我们一起努力!再次感谢你们积极参加家长会议!今天的会议到此结束,请一起将教室里的物品摆回原来的样子。谢谢大家!

小贴士

小组讨论提供的话题仅供参考,教师们应根据本园、本班实际情况,设计更有针对性的问题。为提高效率,建议每两个小组或每个小组讨论一个话题。

第六章

体验式家长会中的家长义工团队

一、家长义工团队

"义工"对应的英语词汇 Volunteer 来源于拉丁文 Valo 或 Velle,意思是"希望、决心或渴望"。而汉语中,与 Volunteer 对应的称呼共有三种:一是"志愿者",由共青团及其所属的中国青年志愿者协会采用,后被全国各地成立的分支机构广泛沿用;二是"义工",是香港的说法,后来被深圳等沿海地区采用,社会认知程度很高;三是"志工",这是台湾的说法。

近年来,在我国很多地区都成立了专门的义工团体或志愿者组织,家长义工的身影也逐渐出现在幼儿园。幼儿园家长义工,顾名思义是由幼儿园学生家长组成的义工队伍,其目的在于义务服务幼儿的教育。家长义工具有学生家长和义工双重身份。

成为幼儿园的家长义工,需要满足以下条件:第一,有责任感,有奉献精神,关心幼儿成长,热心教育工作;第二,为人正直,作风正派,有一定的组织管理能力和协调能力;第三,能且愿意为幼儿园的教育教学工作以及其他活动提供帮助。

在幼儿园,家长义工有以下责任与义务:

① 参与和协助幼儿园开展教育教学活动,如担任家长助教,每学期由幼儿的父亲或母亲至少到班级当一次助教,时间为一个上午或一个下午,主要任务是观察幼儿、和幼儿做朋友,并将半天做助教的感受记录在《家长助教本》里。

② 参与和协助幼儿园安全管理,如成立家长安全护卫小队,每天早晨轮流到幼儿园进行安全执勤和排查周边安全隐患。

③ 参与和协助幼儿园的各项管理工作,如成立家长督查小分队,定期督查幼儿园的管理工作。

④ 参与和协助幼儿园其他工作,如参与幼儿园的社会实践活动、在幼儿园里开设专题讲座、定期给幼儿讲故事(如妈妈故事团)等。

家长义工具备以下基本特征:

一是自愿性,这也是第一特征。所谓自愿性,是指个体的行为完全出于主观自

注:本章中的部分观点引自黄敏老师所著的《家长义工理论与实践》一书,在此表示诚挚的谢意!

发、自觉的选择，而不受任何强制性力量约束。一般来说，义工参与各种活动的动力来源于其个体自身，因此会更加具有积极性和责任感，也更能长期坚持。

二是无偿性。所谓无偿性，是指义工在行为动机上是不计物质报酬的。尽管义工开展活动需要一定的物质条件，但他们提供的义务工作是纯粹无偿的。即便有时需要支付义工的交通、食宿等补助费，但是义工的劳动和这些费用不是一种等价的交换关系。无偿在某种角度也可以理解为一种非利益性的选择。

三是公益性。所谓公益性，是指义工的活动是以社会公益为价值取向的奉献行为。义工提供义务工作的出发点，不是出于仅为自己的孩子或个体好奇心的满足，而是基于道义、良知、同情心、公民社会责任感等，是为了更大程度地体现自身的人生价值和社会价值。

四是组织性。所谓组织性，是指义工提供的义务工作，既可以是个人行为，也可以是集体行动和组织行动。从活动的有效性方面来说，组织行动要优于个人行为。

五是开放性。所谓开放性，是指义工不仅仅为自己所属的有限群体服务，义工服务的对象具有广泛性和普遍性，可以突破民族、种族、宗教信仰等方面的界限。义工具有高度"开放"的思想，义工的活动无论是内容还是形式，都具有丰富的内涵和超强的吸纳能力。可以说，义工是面向全社会、全世界、全人类未来发展的。

六是成长性。所谓成长性，是指义工参与义工工作，既是在帮助他人、服务社会，同时也是在传递爱心、传播文明，创造一种既"助人"又"自助"、既"乐人"又"乐己"的美好氛围。这种"自助"和"乐己"的核心本质就是个体的自我成长。义工能在服务他人、服务社会的同时，使自身也得到提高、完善和发展，获得精神和心灵的双重满足。

对照以上特征，幼儿园的家长义工队伍在开放性方面还有一定的差距，也说明了这支队伍有着更大的发展空间。

二、家长义工在体验式家长会中的作用

当今世界各国已普遍认识到，0-6岁婴幼儿的教育仅靠幼儿园单方面的力量是难以完成的，需要社会各方面，尤其是家庭的通力合作。苏联时期的著名教育家

苏霍姆林斯基说:"教育的效果取决于学校(幼儿园)和家庭教育影响的一致性。如果没有这种一致性,那么学校(幼儿园)的教学和教育会像纸做的房子一样倒塌下来。"体验式家长会就是在这样的理念下实施改革的,其宗旨就是要努力优化家长的育儿观念,使各个家庭具有正确的教育行为。

深圳有许多幼儿园早在十年前就成立了家长义工队伍,近十年来,这支队伍在幼儿园的发展中起着举足轻重的作用。家长义工们具有强烈的教育意识和责任感,他们无私地奉献着宝贵的时间和精力,持久热情地与幼儿园共同履行教育责任。

首先,家长义工是体验式家长会中的重要力量。现代家庭教育普遍存在的问题,不是家长对幼儿教育的缺失,而是家长对幼儿教育行为的不当。这首先体现在家长对自己的教育角色缺乏清晰的界定,对家庭教育的内容缺乏明确的认知,对幼儿的生长发育特点和规律缺乏足够的认识,然后才体现为具体的教育方法和技术的缺失。家长是幼儿的"第一任教师",家庭教育开展得好的家长,可能具有一些共同特质,如:乐于陪伴幼儿,愿意且善于对幼儿付出耐心,认识和了解幼儿生命发展的特点,建立起一套合理地教育原则,和幼儿沟通良好,懂得接纳幼儿,有较好的亲子关系等。然而,像这样的家庭却又屈指可数,庆幸的是大部分家长义工初步具有了这样的特质。体验式家长会就是要引领每个家庭都逐步具有这些特质。家长是幼儿一生中不可替代的影响者。

其次,家长义工是体验式家长会的助推器。家长义工参与进体验式家长会中,实现的是家长义工、其他家长、班级、幼儿和教师的"多方共赢"。家长义工在参与体验式家长会时,比其他家长更加近距离地与教师接触,有更多机会了解幼儿的情况,并且通过参与家长会的准备工作,有机会表达自己对教育的理解,容易和教师产生教育的共鸣,有更多的机会实现家园一致性的教育。反过来,教师同样也从家长义工那里了解到幼儿在家的情况,使得教师和幼儿多了一些交谈的话题,便于有的放矢地对幼儿进行教育。在体验式家长会中,教师充分挖掘和运用家长义工中的优秀人力资源,很大程度上丰富了幼儿园的教育元素,有利于幼儿园和教师全面快速了解家庭的情况,建立起实质性的教育合作与互动,并推动教师不断自我更新。这对于幼儿园实现家园之间的交流合作、教师整体素质的提高以及幼儿园工作的改进都有好处。同时,正能量也能较好地辐射到其他家庭,如家长义工传达的是一种不计报酬、乐于奉献的美好精神,无论对幼儿还是成人,这都是一种"潜教育",比言教更管用。尤为重要的是,当家庭和幼儿园之间建立起良好的和谐关系,家长和幼儿园的教育在幼儿身上形成合力,无疑会对幼儿的全面发展起到正面意义的促进作用。

总之,无论是体验式家长会的游戏部分、讨论部分还是创意部分,家长义工始终散发着无穷的正能量。家长义工对体验式家长会模式的运用起到了以点带面的全方位辐射作用,值得继续深入研究和推广发展。

三、体验式家长会饱含着爱

苏霍姆林斯基说:"爱,意味着奉献,意味着把自己心灵力量献给所爱的人,为所爱的人创造幸福。"没有爱,一切教育都是伪教育。如果教育者不能令受教育者感觉到爱的存在,这种教育完全失败。任何时候,当爱的付出和回报形成一种良性的互动机制,教育就是成功的。

体验式家长会饱含着爱,对幼教事业的爱,对每个家庭的爱,对一个个小生命的爱、甚至是敬畏。敬畏一个个小生命是教育者的天职,受教育者首先是一个独立存在的生命个体。受教育者应该得到充分的关乎生命的照顾、尊重和发展。他应该有独立和主动发展自己所有生命的权利。教育其实就是一种对生命的干预。教育一经出现,就意味着诸多生命对另一个生命施加影响,这种影响完全可能足够强大到改变一个生命运行、发展的轨迹,改变其生命结果。

因此,教育本身应该是一件极为慎重的事情。尤其是学前教育工作者,更应该持一种基本的态度,那就是:我们所做的任何一件事情,说的任何一句话,都可能影响甚至改变另一个生命的存在状态、发展历程和最终结果。我们责任重大,就必须慎而又慎。无论哪一种教育,需要先存一份敬畏生命的心,然后再去实施一切与教育有关的行为动作。体验式家长会模式中的内容安排,也都基于这点考虑。如:邀请家长一同观看《我们拥有孩子多少年》,提示家长有多久没有陪伴幼儿了;与家长一同探讨幼儿的血型特质,让家长感悟尊重幼儿就要从接纳幼儿开始;开展生活即教育的话题讨论,引领家长看到幼儿园的教育绝对不可以小学化等。敬畏一个个小生命,就是要求教师提升自我修养和基本素质。在体验式家长会的设计中,教师要阅读大量与主题相关的资料,从中受到启发,带来新的创意;在体验式家长会的策划中,教师要组织相关人员进行脑力激荡,完善最初的设计;在体验式家长会的筹备中,教师要考虑每一个细节,细节是决定家长会品味的关键;在体验式家长会的组织与主持中,考验着教师的应变能力和掌控大局的能力,也考验着教师的专业水平。因此,体验式家长会的成功召开就是对一个个小生命的敬畏和爱护。有了敬畏生命的心,才可能考虑另一个生命的真实需要,才可能怀着真心去倾听另一颗心灵的真实呼唤。

爱是教育的源泉。苏联时期的著名教育家马卡连柯曾经说过:"爱是一种伟大的感情,它总是在创造奇迹、创造新人。"教育需要爱,有了爱,在创造幼儿生命成长的同时,也造就了教育者自身的生命发展。当体验式家长会饱含着爱时,每一个家庭都会在爱中获得自我觉醒,每一个生命都将自在地飞翔。

第七章

体验式家长会实践手记

一、教师对体验式家长会的体会

体验式家长会的实施策略
——来自一个实践者的体会及感悟
深圳市第十二幼儿园　刘永忠

　　幼儿园家长会是每学期必修的一门"课程",对家长而言,也是了解幼儿园的窗口,对班主任而言,是凝聚家长团队的良机,可以毫不夸张地说,家长会开好了,班务工作的开展将会顺畅很多。对于一名教龄近三十年的老班主任来说,家长会开了上百次,可信手拈来、应付自如,内容大多是介绍班级情况、宣讲学期计划、提出家长配合事宜等。但"一言堂"的模式让家长如坐针毡,时间长了,家长会的出勤率越来越低,或者人在心不在,现场的家长昏昏欲睡、无精打采。那时,觉得开家长会就是走过场、提要求、完成任务而已,从来不会考虑家长的感受,也不会思考家长会的意义和目的。

　　两年前接新一届小班,第一次尝试将匡欣老师首创的"体验式家长会"引入实践中,茅塞顿开,好像为自己打开了一扇窗,不仅拓展了思路,更激发了灵感。不由得感叹原来家长会还可以像企业培训、团队训练那样来组织。更佩服匡老师独具匠心的设计,可谓良苦用心。其间渗透的是她的专业和敬业,她是一位真正将职业当事业来追求的好老师,值得所有一线教师学习与追随。

　　那么,运用体验模式来召开家长会以后,到底带来了哪些变化或好处呢？为什么体验式家长会如此受家长欢迎？就我个人的体会,这种变化算得上是质的变化。

　　首先,由于每次的家长会主题不同,又围绕主题来玩游戏、进行话题讨论及欣赏相关视频,家长有参与、有互动,感觉很新颖,且真正有触动、有收获,他们开始结合自己的言行来反思平时的教育观念及行为,这是聆听多少专家讲座都无法达到的影响及效果。

　　其次,教师在精心设计和准备家长会的过程中获得了进步与成长。召开一次这样的家长会,尽管有书有资料作为参考,但即使是颇有经验的老教师,也要精心准备才能胸有成竹,每个环节都不敢怠慢,尤其对教师语言的组织和表达要求甚高,必须精炼、睿智。再加上家长们每次参会的热情,对教师的认可和期待,教师会情不自禁地不断给自己加压,每次总想给家长不一样的感觉,从双方的角度来看真正实现了双赢。当然,由此也带来了一些附加值,如家长参加家长会的积极性提高了,几乎每次都是全勤,更明显的变化是参会的爸爸多了,有的夫妻轮流来,还有的一起来;家长对班级工作热心了,班级团队的凝聚力增强了,没有了投诉、不信任等负能量;家长对教师的认可度提高了,觉得教师比较专业、敬业,对教师产生了信任感。

那么,如何才能真正领会"幼儿园体验式家长会"的精髓,结合本班实际情况,组织好每一次的体验式家长会呢?以下是我与大家共同分享的实践策略及体会,希望能对愿意尝试体验式家长会的教师们有所启发。

(一)体验式家长会各环节的组织策略

1. 开会前要考虑周全,准备充分

(1)每次家长会前需先召开半小时的家委会会议,就重大问题先征求家委会成员的意见,并达成共识。让家委会成员引领其他家长,以免家长会现场出现被动或冷场的情况。如新学期大型活动的设计,由家委会成员提前集思广益,然后在家长会中汇报,征求全体家长意见等。

(2)三位教师明确分工,各司其职。班主任负责家长会的策划及组织;副班老师负责签到表、家园联系卡的打印及小组标志牌的制作,照相机、摄像机的充电等准备;生活老师则负责与会场相关的环境、桌椅、茶点等事务性准备工作。

(3)营造温馨、有序的环境(桌布、水果、茶点等),结合精粹化管理中学到的方法,如家长一站式服务:签到、取调查表、拿编好号的纸杯,按桌面指示牌分组入座,包括脱下来的鞋子怎么摆放、手提包集中存放地点等细节都要事先有所考虑,这样才能做到有序,而又无需逐个提醒家长。

(4)为加强家长之间的熟悉,每次分组的形式可以不一样,如按幼儿学号分组入座,按抽取的水果标志或颜色标志分组入座等。

(5)在会前拍好教室照片,便于会后各组家长协助教师将桌椅按照片有序归位。

2. 组织游戏要熟练且随机应变

(1)会前三位教师都要非常清楚游戏玩法与规则,一定要先在班上试玩几次。

（2）介绍游戏玩法时要流畅、简明扼要，让家长一听就明白。

（3）游戏时，可根据情况随机进行时间及场地的调整。如场地不够大时可以分批玩，也可改变队形来玩。如"背向而行"游戏，可以让爸爸和妈妈分组进行，若妈妈少可以排成横排玩游戏，若爸爸多可以围成圆圈玩游戏。游戏的玩法及目的并没有改变，却避免了由于场地不够而影响游戏的效果，也避免了由于性别差异所产生的力量差异。

（4）游戏后的提炼和总结不能生搬硬套，让家长感觉没有说服力，更不能磕磕巴巴，听上去生硬。必须带有情感，内化成自己的语言来表达，如果文字缺少优美，表达也不幽默风趣，那至少要保证条理清晰、逻辑性强。因此，平时要加强学习、积累与修炼。如"背向而行"游戏，总结语可以是：

"如果把女家长中报数为'1'的一队看成'幼儿园'，报数为'2'的一队看成'家庭'，那么，两者背向而行，其实是家园目标不一致，最后的结果就像刚才游戏的结果一样相互拉扯、互相抵消，甚至纹丝不动，都没达到想要的目的。

所以，家庭和幼儿园就像一部汽车的前后轮子，必须同方向同速度才能前行。家庭中无论是爷爷奶奶、外公外婆还是爸爸妈妈，如果各自为政，以自己的方式朝自己的方向走，结果是无法形成合力。家庭中成员意见不统一时，孩子会无所适从，或见机行事，最后事倍功半，还可能引起家庭矛盾。所以，家庭中成员对孩子的教育方法应一致，至少在孩子面前要高度统一，有分歧时保持教育时的主调，事后再进行分析与沟通。"

3. **话题的选择及讨论要有针对性、导向性，并易达成共识**

（1）话题选择要有普遍性、代表性。结合班级普遍存在的问题、幼儿年龄特点、家长困惑等。如：幼儿园为什么不以上课为主要方式，而是以游戏为主要方式？

（2）围绕话题事先要做充足的准备。确定话题后，教师要先搜索一些相关资料加以学习，即给家长一滴水自己先要有一桶水，确保在帮助家长提炼时，能以专业的观点、见解给予评价与指点，以便达到引领家长形成正确观念与行为的目的。如在观看视频《血型实验》之前，可在网上搜索一些关于血型的行为表现及个性特征的描述，整理成文发放给家长人手一份，便于家长观看后自我消化,会后还可在微信群里继续引发家长的思考和探讨。

(3) 话题讨论的目的要明确。让家长反思自己在教育幼儿时的观念及行为,然后找出弊端,最后认可并达成共识,这也是家长会最为重要的目的之一。

4. 视频欣赏要能触碰心灵、引发共鸣

会议最后环节是欣赏与主题相关的一些心灵感悟性质的视频或PPT故事,这也是为了升华主题。在这个环节需要营造气氛,如温馨的灯光、舒缓的音乐,尤其是朗诵时要饱含深情,以情动人,将家长们带入意境,让他们在会后不断回味。教师自身如果做不到,可找擅长的家长支持,会后将相关内容发在班级家长的公共平台上,让没来的家长也能共同分享。

(二) 体验式家长会带来的收获及感悟

1. 开好小班第一次家长会

(1) 提升教师形象,增强职业尊严。

万事开头难,刚开始尝试体验式家长会时,心里会发慌、无底气,因为它对教师的语言表达、组织及应变等能力是个挑战。个人认为,教师要高度重视小班第一学期的家长会,这是第一次与家长们面对面交心的良机,此时家长们对教师充满期待,也是教师在家长面前树立良好形象的最佳良机。第一次家长会若成功召开,教师的形象和地位会瞬间在家长心中得到提升,教师的自信心也会大大增强。如果论学历,家长中高学历比比皆是,如果论地位,幼儿园教师还得自强不息。所以,幼儿园教师只有通过夯实专业,提升自己的敬业精神,才能获得职业尊严,才会被家长信服,才能得到家长的主动配合和追随,接下来中、大班两年的班级管理才会得心应手。

(2) 整合家长资源,宣扬"石头汤"精神。

整合资源的目的是共享,让每位家长都心系幼儿,让幼儿在大爱的氛围中成长,未来也成为爱的传递者。这种氛围一定是相互感染的,并且还要成为一种习惯,届届相传。所以,在第一次的家长会上,教师要抓住机会,宣扬以往的好传统,再让每位家长介绍自己能为班集体提供哪方面的资源,并及时记录备案,为以后班级开展活动提供便利。这样既营造了爱与奉献的氛围,又让家长彼此影响。接下来就是以点带面,让每个人在分享爱的同时,也怀着感恩的心去回报爱。这也是增强班级凝聚力,营造和谐、温暖团队氛围的最佳途径。

(3) 制定班级约定。

本着教师提议、家长讨论、共同遵守的原则来制定班级约定。如建立家长微信群或 QQ 群，目的是方便家园沟通、及时传递家园信息，例如幼儿请假、教师布置家长工作、分享亲子作业及在园活动等，希望家长在群里都能起到积极、正向的导向作用，不随意在公共平台闲聊或发布任何带有个人情绪的信息，希望大家共同遵守约定，保证平台发挥真正有益于班级工作开展的作用。当然，还有诸如"孩子打了同伴该不该登门道歉"、"应如何保持家园教育的一致性"等带有普遍性的问题也可通过讨论形成班级约定。

(4) 成立家委会。

第一次的家长会还有一个重要的任务就是成立班级家委会。家委会成立前教师应通过家访及平时的观察、沟通，了解每个家长的基本情况，制定出家委会入选条件，家长们先根据入选条件自愿报名，如果报名人数多再投票选举。当然，教师也可以有两个保留名额，事先与心仪的家长沟通好，避免由于家长的不了解漏选了最合适的家委会代表，这种方式也可用来解决人选不足的情况。家委会成立后，班主任应根据他们的性格及特长来明确各自分管的班级工作，并告知全班家长，真正让家委会成员以点带面，起到教师与家长之间的桥梁作用。

2. 用敬业来感动家长，用活动来回报家长，用家长来影响家长

经常听到有教师反映，自己幼儿园的家长无法与匡欣老师原来所在的幼儿园相比，家长素质普遍不高，家长资源也不丰富。其实不然，当教师真心为每一位幼儿付出时，当班上的每一次活动都出彩时，当令家长最头痛的幼儿行为问题被慢慢改变时，家长一定能感受得到并对教师心存感激。其实，我们园所处环境也非高端小区，家长大多是中产阶层，但我们园每个班的家长都很热心班级工作，也很认可我们所做的一切。这其中讲究技巧和艺术，但更多的是教师要尽职尽责，不计回报地奉献与付出，关注细节，关注每一个幼儿。

每次开展新主题前，都会需要家长协助幼儿收集各种各样与主题相关的资源，或完成相应的亲子调查表，那么，怎样让家长由被动接受变为主动参与呢？

首先，教师要换位思考，避免为了丰富主题环境而让家长完成任务的做法，一定要用自己的专业来引领家长，从幼儿学习方式及发展的角度来让家长明白这样做的意义。如我们在班级主题"汽车滴滴滴"进行到尾声时，邀请家长参加班级的主题结题报告会，全方位展示了幼儿通过主题探究活动所获得的经验，幼儿的表现令家长们非常吃惊，他们真正明白了每次收集主题资源、与幼儿一起完成亲子调查

表等工作不是为了应付教师,而是和教师一起在支持幼儿进步与成长。

其次,每次新主题开始前,可先培训家长,教师与家长的方向一致了才有可能家园同步。

最后,还应留下幼儿主题探究过程中的照片、文字等资料,为幼儿保留珍贵的成长历程。

要想家长工作做得好、团队有凝聚力,创造家长影响家长的平台是最好的。如班级微信群中不仅有父母,还有祖父母。父母工作忙,祖辈们会主动询问班级有何需要;开学初的搬教室、搞卫生,学期末的资料整理,大型活动的协助,甚至班级采购及安装,主题环境的创设,学习材料的丰富等,随时随地都有家长们参与其中。当然,刚开始也是仅仅局限于三五个热心的家长,每次参与后我们都及时在家长微信群里发布他们支持活动的照片,并以教师的身份代表全班幼儿及其他家长致以感谢。再委托一位家委会成员及时记录下来,每学期统计一次家长们为班级服务及做校园义工的人次,并在下学期家长会上公布,目的是让全体家长抱着感谢的心情来记住为班级、为幼儿的成长默默付出时间与精力的家长,弘扬"石头汤"的精神。这一招真的很见效,立马就起到了"星星之火可以燎原"的作用,尤其对那些从未参与过的家长触动很大。

记得有一次家长会后,一位家长对我说:"我们夫妻工作实在很忙,听到那么多家长为班级付出过无数次,而我家却一次没有,真的很惭愧。但我想用另一种方式来为孩子们做点事,那就是下学期全班孩子的图书漂流费用由我来捐助,请给我一次机会。"当我在群里发布这个消息后,又有一位新插班生的家长也对我说:"我们很荣幸加入了这个温暖的集体,那么多家长为孩子们提供了资源,在享受他们资源的同时,我也想为大家做点事,为每个孩子购买一个海绵坐垫,以防天冷时孩子们坐在地板上着凉……"家长之间这种互相教育和影响在不断发酵。

看到家长们的这份热情,感受到这么温暖的团队,作为教师非常感动,没有任何理由不用优质的活动来回报家长们。因此,为了扩大影响,我们决定在每次的家长会上,增加一个环节,叫"回顾、感恩与期盼",由家委会来总结汇报上学期家长义工的情况,感谢为班级付出的家长,期盼新学期有新的惊喜。教师语言要简洁明了,饱含感激之情,时间控制在十五分钟以内,安排在家长会开始环节,以免家长因感觉无趣而犯困。

3. 做好活动后资料的收集与整理

幼儿园是每学期班级活动多,学期末要上交的资料也种类繁多,这时,作为班主任要学会统整，不做重复工作。如《采帧集》可用电子音乐相册代替，会前要指定家长先制作好。也可以用精心制作的《幼儿成长档案》来代替，《幼儿成长档案》每学期末由家长协助整理并装订成册，内容都是幼儿的各种活动照片、作品、记录等资料，再配上教师给予的分析与评价，这样就可一举两得。话题讨论不一定要用空白纸记录，可以设计成表格形式发到每组，由家长将本组讨论内容直接记录在表格内，会后收集在一起就成为活动资料。还可以充分利用班级云盘来收藏与整理资料，电子文档可分时间、种类保存，并随时调取、打印，非常方便。通过多种方式达到共享和运用资料的目的。

实践证明，"体验式家长会"不仅提升了教师、引领了家长，还对班级文化的形成起到了至关重要的作用。作为实践者，最大感受是："没有最好，只有更好！"一线教师一定要带着思考的大脑，用心去重复琐碎的工作。只有不断实践、及时反思，找到自己的兴趣点来突破，从点滴开始尝试与积累，坚持不懈做下去，才会进步与成长，才会像匡欣老师那样成为一线中有成就感的好教师！

您，改写了幼儿园家长会的历史！
——体验式家长会实践有感

浙江大学幼儿园　鲍玲玲

我园是高校幼儿园，家长素质高、观念开放，希望构建一种创新式、人性化、友好型的家园沟通模式，自然家长会模式也希望是互动、多元而高效的。但传统的家长会开展起来存在着诸多问题：

1. 内容主题杂乱。"一锅粥"令供需关系错位。家长会内容一应俱全，重点不清，教师讲得筋疲力尽，家长听得费神费劲，没有解决当前家长群体以及班级存在的实际问题。
2. 组织形式单一。"一言堂"令沟通途径不畅。教师主体单向演讲，家长客体被动倾听，形式单调乏味，缺少互动性、趣味性，台上教师"滔滔不绝"、"权威论道"，台下家长则"被动填鸭"、"有事难言"，实施的效果不佳。
3. 资源浪费一场空。家园共育不合拍，未抓住集中给家长引领、交流、成长的良机，忽视家长之间的经验互享，家长会的"人多、资源广、气氛好"等功能没有得到充分利用和发挥。

新时期的家长会,呼唤高效能的全新设计。内容应按需而定,主题鲜明;形式应多元开放,气氛民主。只有注重总体规划,才能效果明显。

2015年6月,在单位公派的培训学习中,我有幸偶遇了匡欣老师,收获满满。在众多的培训内容中,匡老师的讲座实用、精炼、接地气,她那前沿的教育理念和做法深深地印在我的脑海中。回杭后,我就在网络积极地寻找匡老师所有的教育思想和做法的信息,深深被匡老师的人格魅力、专业能力所吸引和折服。从网络上得知匡老师在成都有一场关于"体验式家长会"的实战研讨会,我就自费前往学习。经过两天的学习,匡老师积累多年的、刷新了传统家长会新高度的原创体验式家长会模式让我十分震撼!家长会原来还可以这样开。我迫不及待地希望在自己的班里进行实践。

我在自己班里实施了"体验式家长会"以后,同事反馈非常成功,家长反映也非常热烈。我也对这个全新的、有效的家长会模式进行了仔细研究和琢磨,并不时请教创始人匡欣老师,准备把"匡式体验家长会"传递给更多身边的同行。

体验式家长会的优势明显,在家长会有限的时间和空间里,教师想方设法引领家长转变教育观念,用自己的言行举止影响家长的教育行为,用敬业精神感动家长、用专业水平引领家长,使每次参加家长会的家长的观念得到更新,热情主动地将会议的精神带到家庭中去,影响家庭里的其他成员,久而久之实现与幼儿一起成长、将先进教育观念延续到幼儿小学、中学,甚至更久远的成长阶段。

体验式家长会的实施设计包含了四个模块,即破冰感知、问题讨论、游戏领悟、视频启发。其中破冰感知大约20分钟(分组组队、熟悉同伴、了解班况),问题讨论30分钟(分析问题、制定措施、碰撞观点),游戏领悟30分钟(了解玩法、亲身体验、领悟道理),视频启发20分钟(观看视频、发放资料、个别交流),整个家长会时间大约控制在2小时内。我园的其他班级也都尝试着运用这种模式开展家长会,实施效果非常好。

感谢匡欣老师,刷新了我对家长会设计的全新理解。对体验式家长会的思想和理论我们也才刚开始研究和实践,还需要不断地学习、反思和总结经验。

广东省广州市×××幼儿园反馈意见

家长会名称	形式	特点	对教师的要求	效果
传统家长会	讲座或发布会	教师"一言堂",家长较被动,交流少	教师可预先做好相关准备,现场的可控性高	家长出勤率低,目标达成欠佳
体验式家长会	集游戏、讨论、交流汇报、观看视频于一体	家长积极性高,参与和交流机会多,深受启发	对教师的专业能力、现场组织能力、语言表达能力、应变能力要求高,现场的不可控性高	家长出勤率高,能较好地达到家长会预先设定的目标

广东省中山市×××幼儿园反馈意见

传统的家长会形式单一,教师是主体,灌输味道浓。

体验式家长会则通过有趣的游戏,让家长一边轻松地玩游戏一边领悟游戏背后的寓意;再通过话题讨论、交流和分享,达到相互学习、相互启发的目的;尤其是视频分享更加有催化剂的效果。总之,我们借鉴了体验式家长会以后,家长的观念在逐渐转变,家长与教师间的关系更加平等和自然。

	传统家长会	体验式家长会
形式	教师主讲,家长被动地听	教师与家长、家长与家长间不断互动
过程	一人讲众人听	游戏,讨论、分享和交流,视频
效果	家长听后印象不深,被动接受教师的观念	家长的积极性自然地被调动起来,获得事半功倍的效果
感受	传统且古板的形式,很难凝聚家长的力量	听完匡老师的讲座,我们跃跃欲试,并十分期待相关书籍尽快出版

安徽省淮南市×××幼儿园反馈意见

传统家长会	体验式家长会
优点：教师容易组织和实施 教师将自己想请家长配合的事项直接告知于对方	优点：家长与教师间互动，家长与家长间互动 彼此间的距离近、易沟通 凝聚家长团队的力量 理性与感性结合 家长非常主动，效果事半功倍
缺点：彼此间沟通少 家长参与性低 触动家长心灵深处的内容几乎没有 教师与家长间距离感强 家长出勤率低	缺点：对教师成功召开家长会的能力挑战大

二、家长对体验式家长会的体会

真诚沟通，用心感悟
大三班骆雅获家长

目前，孩子在幼儿园就读大班，从小班起，我有幸参加了多次家长会。每次家长会，我和孩子的爸爸都会推掉一切事务，一起准时出席每学期1-2次的交流盛会。哪怕出差在外，也会设法及时赶回。幼儿园的家长会缘何有这么大的魅力，不容我们错过呢？家长会为何每每让我这感情丰富的妈妈感动落泪呢？家长会为何能让家长们尽兴畅谈、久久不肯离去呢？

让我细细品味一下我所参加的家长会的特别之处。我想其精髓就在于"真诚"！老师们用心与家长诚挚沟通，使得家长会内容丰富，给人深刻的启发。在"一切为了孩子"这一家园共识的基础上，老师和家长们能紧紧地团结在一起，形成强大的班级正能量,使得家长会成为一个家园共商教育大计的良好平台,为孩子的良好发展提供了支撑和保障。

具体说来,"体验式家长会"上家长都体验到什么了呢?以我的感受来说,家长们可以真切体验到孩子们在园学习和生活的细节,感受到老师们的专业和敬业;体会到家长们的大爱精神和班级大家庭的和谐氛围。

说到在家长会上了解孩子们的在园生活,我的印象非常深刻。还记得小班入学一个月时第一次开家长会,所有小班家长聚在幼儿园的小剧场,老师播放了孩子们一个月来在园生活的视频《天使不哭》:从开学第一天孩子撕心裂肺的啼哭,老师们温柔的安抚,到后来孩子每天高高兴兴地和爸爸妈妈说再见;从孩子们笨拙地学习自己吃饭、穿衣、穿鞋,再到后来开心地和小伙伴一起游戏,完全融入到集体生活中。这点滴记录见证了孩子们的成长,也见证了老师们的辛勤付出。家长们看后都感触良多,为孩子感到骄傲和欣慰,也由衷地感谢老师的付出,更加坚信孩子在这个环境里可以幸福健康地成长,从而把对老师的信任内化成对幼儿园、对老师工作的积极配合和支持。

每次家长会,我们都可以自由地参观班级区域环境,看老师的教学记录,欣赏孩子们的各种作品。

最让家长惦记的是,每次家长会开始前,由老师为每个孩子准备的记录了上学期在园生活的相册——《采帧集》。家长会从家长们愉快地翻看孩子的相册开始,里面记录了孩子们学习、运动、每一次表演和活动以及生日会上的精彩瞬间,留下了孩子们的天真笑容和纯洁的友谊。这些影像将陪伴孩子成长,成为他们宝贵的财富。作为家长,我们体会到在这些点滴记录的背后是老师们用心的付出。试想,作为家长的我们想用文字或影像详细记录孩子的成长都很难坚持,何况老师们面对着一个班三十多个孩子。要从几千张照片中挑选、搭配文字、整理制作成相册,其工作量可想而知。而老师们却孜孜不倦,心甘情愿地完成这不属份内的工作。老师们说:"一切为了孩子,我们累点不算什么。"家长们为老师们朴素的话语、爱孩子的这份真心所感动,心与心的距离也拉得更近了。

家长会上老师也会像拉家常一样讲讲班上发生的孩子们生动有趣的故事。

就是通过这些方式最真实地还原了孩子们在园的学习和生活,让家长们真切地感受到孩子在园的喜怒哀乐和点滴进步。使家长得以更加全面地了解自己的孩子,也有机会了解班级里其他的同龄孩子,了解孩子所处年龄阶段的特点,从而更加有的放矢地对孩子加以引导。

家长会最吸引我的是每次老师都带给我们一些先进的育儿理念和行之有效的教育实践方法。孩子的爸爸每次开完家长会都要由衷地感慨一下："名师水平就是高，不服不行！"

记得小班家长会上，在悠扬的音乐声中，匡老师声情并茂地朗诵《我们能拥有孩子多少年》："其实当孩子在身边的日子，我们是非常幸福的。可是，有时候我们却会抱怨，抱怨因为他，你做了太多的牺牲……时光无法倒流，过去了就永远过去了。孩子待在我们身边的日子是多么难得和宝贵，因为这一点，我们要更加珍惜和孩子相处的每一刻，也要对拥有孩子而心存感激。"听到这里，我已经潸然泪下，其他妈妈们也感动得直抹眼泪。是啊，舐犊情深，心都是相通的，孩子也是我们心头最柔软的牵挂。无需太多的话语，就这么一起分享一篇文章，一切尽在不言中。因为这份理解和信任，老师与家长间形成了更深的默契。

中班的时候，匡老师和我们分享了故事《一块地总有一粒种子适合》，浅显的故事却蕴含了深刻的道理，让处于教育迷雾中经常焦虑的我们能以更加平和的心态耐心地陪伴孩子成长。匡老师更诚挚地与我们分享了她家孩子成长过程中的教育得失，分享过往二十多年教学经验的心得，在具体的教育事例中带给我们切实可行的方法。

作为独生子女的家长，我们其实缺乏经验，非常需要专业的家长培训。而家长会正是很好的学习机会。摒弃传统家长会的严肃说教，体验式家长会在温馨的气氛下，举重若轻地将深刻的教育理念以浅显易懂的方式传递给家长。老师们的引导既有理论的高度，又具有很强的操作性，有心的家长往往可以由点及面地感悟更多。

家长会更重要的是全体家长的积极参与，以主人翁的心态参与班级的各项建设，形成合力，共同为孩子的发展提供和谐的环境。每次家长会，家长们都是主角，老师们会准备一些育儿话题，让家长们分组讨论并发言分享。大家畅所欲言，诉说自己的育儿困惑，也分享一些好的教育方法，讨论往往非常热烈。全班家长分为几个小组，每个小组的家长们都经常组织周末的小组活动，在家长会上大家更觉亲密无间，聊得很尽兴。在家委会的带动下，家长们都有着"人人为我，我为人人"的奉献意识，积极为孩子的发展提供必要的物质和精神支持。在家长会上，家委会会牵头对家长工作进行简单的总结和表彰，在热烈的气氛中，能体会到家长们无私奉献的大爱精神和班级和谐的良好氛围。

这就是我对体验式家长会的一点小小体会。家长会只是家园互动的一种形式，但从这小小的窗口，不难体会家园共育的深厚内涵和强大魅力。

"为孩子种下一生幸福的种子！"这是所有老师和家长共同的期许。

悟……

大三班王家铭家长

从儿子上幼儿园以来,我已经开过无数次家长会了,每次都印象深刻。

起初我并不知道这是"体验式家长会",只知道每一次都会落泪,也会有很多的欣喜和感悟。后来,在与朋友的交流中得知,他们幼儿园的家长会不是这样开的,他们都是听老师分析班级情况和讲学期工作重点。于是,我找到匡老师交流这个话题,匡老师告诉我这是她的创新。顿时,我感觉很自豪,自豪于我孩子的老师有如此智慧和人格魅力。

这样的家长会不仅为家长间、家长和老师间提供平等沟通和了解的机会,还为家长创造了彼此学习、彼此反思、彼此成长的平台。

首先,形式新颖。以前也曾听过专家的讲座,一堂讲座听下来,或多或少能留下一些东西,但刻骨铭心的感觉少了点。体验式家长会内容丰富且有趣,如每一个游戏背后都有着深刻的寓意,我们是那么轻松和愉快,像回到了孩童时代;又如各种视频对我们的冲击非常大,每次观看都百感交集。每一次,老师都有一些时间留给家长交流、讨论和分享,在这个过程中我们反思自己的教育行为,相互学习和迁善。交流的平台是真诚的、开放的,缩短了彼此间的距离,增进了感情,凝聚了人心,家园合作更加融洽,最终达成育人的共识。

其次,懂得了尊重孩子就要接纳孩子。我们经常高唱自己是多么尊重孩子,但行动上总是情不自禁地包办代替,剥夺了孩子的权利。家长会让我们懂得了要换位思考,经常站在孩子的角度替他想想,接纳孩子目前还没有成长的方面,鼓励孩子去做自己能够做到的事情,即使孩子做不好也不轻易责备,因为责备会否定孩子的正面想法。

最后,领悟到孩子的童年一去不复返。印象最为深刻的是中班时匡老师深情朗读的故事《我们能拥有孩子多少年》,许多家长和老师听着听着都落泪了。

不知不觉中,孩子已悄悄长大。值得庆幸的是,我在老师的指导下抓住了孩子成长的每个关键期,看着孩子日益长大的脸庞,我内心充满了欣喜和幸福。我会努力将先进的教育观念和行为一直保持下去,不枉费匡老师的良苦用心。

我的成长

大三班陈柏合家长

转眼孩子就要从幼儿园大班毕业了,而刚进小班时的情景仿佛就发生在昨天。那时孩子每次离开妈妈的怀抱,独自进到陌生的幼儿园,都非常害怕、不安、好奇……缠着妈妈不肯进入班级的门,一旦进入班级,就粘着老师做"小尾巴"。初为父母真有些不知所措,每天对孩子有着数不清的牵挂和担心。而现在,孩子每天乐呵呵地背着书包上幼儿园,放学了也久久不肯离开。到底是什么让孩子发生了如此巨大的变化呢?

其实,这就是家园共同努力的结果。我们都知道,世界上最难的事情就是当父母,没有领取上岗证就当了父母,因此,只有家长的努力成长才能让孩子的发展事半功倍。

匡老师总是说:"我再能干、再优秀,也只能给孩子三年的教育,但如果我把科学的育儿方法和观念给了家长,孩子受益的就是终身,甚至千秋万代。"

新东方学校校长俞敏洪的体会是:"身教比言教更有说服力,别把劲儿都使在孩子身上,如果自己充实、快乐,有责任感,有情绪管理能力,孩子就会效仿家长。"

如此说来,随着孩子一天天地长大,家长也要与时俱进,不断学习和进步,保持良好的心态和状态。

幼儿园每一次的家长会都是一次盛会,饱含老师的精心设计和良苦用心。

从思想上,老师希望我们有先进的教育理念。作为家长,不要以为现有的学识和经历足以教导好一个"小屁孩",或者认为"我生了你,供你吃和穿,你就得听我的,我就是权威",又或者"不顾孩子现阶段的特点和规律,盲目地攀比,绝不输在起跑线上",这都是违背教育规律的想法。

从行为上,老师希望我们尊重孩子成长的过程,在过程中多接纳孩子的缺点,肯定孩子的优点,尤其是家长的言行举止对孩子处处起着榜样作用。

经过多次家长会,我们不断被提醒和鼓舞。每当我们懈怠和迷茫时,家长会就像"及时雨"一样来临,让我们再次斗志昂扬,用先进的理念和行为陪伴孩子共同成长。家长会是我们的精神大餐,每一次都让我们非常期盼。

家长会让我们受益匪浅　按图索骥改善孩子习惯
大三班路云天家长

匡欣老师组织召开的家长会，我作为一个父亲是必定每次参加的。因为，在家长会上，总是会有很多收获。

我家儿子路云天，今年5岁半，是一个活泼、聪明、可爱的小男孩，足球高手，在英语、数学逻辑课上常常表现突出。可在刚入学的时候，他是一个只会说三个字的"笨孩子"。

以前每次家长会上，我总是被作为"最宠爱孩子家长"的反面典型。例如，对于孩子提出的玩手机、玩平板、进了游乐场还要再玩5分钟等要求，在我看来不是大问题，也拗不过孩子，最终都会答应。而孩子，一般又会得寸进尺，提出再玩一分钟，再玩半分钟。我认为，为这种事情打孩子一顿，或者厉声大喝，好像都太过分了。所以，我总是在孩子面前节节败退。

在家长会上，匡老师严厉的批评及浅显易懂的理论解释给了我醍醐灌顶的顿悟和启发，让我深刻认识到：家长要树立起自己的威信，要坚持原则，才是对孩子真正的爱，否则就是害了孩子。

从此以后，我对孩子的态度开始"硬"了起来。孩子想玩，我们就给他看表，或者设置好时间，时间一到铃响就收掉玩具。孩子要是硬要、耍赖，我们就先讲道理，再转移他的注意力。经过一个多月的"矫正工程"，路云天在家里没有那么无理取闹了，也开始讲道理了。

匡老师的家长会，实际上是个老师和家长的互动沙龙，大家交流育儿经验，交流心得教训，是一个非常值得推广的家园共育模式。

学会放手
大三班张桓慈家长

曾几何时，那个需要我们喂奶、换尿布、牵着手一步一步走路的小娃娃转眼就上幼儿园大班了，我还没有习惯她每天不断增长的能力和想法，依然还是习惯性地为她穿衣穿鞋、追着她喂饭、哄着她睡觉。我觉得等她再大一点，也许到了小学阶段，她就自然什么都会了。

参加了本学期的家长会，尤其分享了那个《蝴蝶的启示》故事后，我确实触动不少。

对于孩子来说，家长代替她去做本来应该她自己去做的事情，其实是剥夺了她成长的权力。忽略孩子自信心构筑的锻炼和体验，就如同让本该通过自己努力蜕变的蝴蝶失去了振翅的机会。什么是正确的爱的方式？有时候真的要"狠下心"和"有耐心"。狠下心，就是要控制住自己动手的冲动，要容许孩子在这个阶段的不完美，要给她机会自我去调整。比如说，孩子开始学滑冰，看到她一次次跌倒，我要忍住扑上去扶她的冲动，让她每一次慢慢地自己找到平衡爬起来。有耐心，更需要家长在内心找到一种状态。五岁多的孩子能力是有限的，他穿衣服的速度就是比家长帮忙的时候慢，吃饭的速度就是比家长喂的时候慢。以前，我总担心饭菜冷了她吃下去不好，总担心她分不清衣服的前后、穿裤子会摔倒。有时候真的是自己性急，看到孩子的速度与自己的心理速度不同步时，几乎总是因沉不住气而出手帮忙。看似简单的出手，让孩子一次次失去锻炼的机会。于是，离开我们家长的帮助，她依然是行动慢且做不到位。

培养孩子好的生活习惯，锻炼她独立动手、自我学习的能力，其实是一个比学会讲英语、学会跳芭蕾舞更重要的一课。尊重孩子自身成长的规律，才能成就孩子美好的一生。爱孩子最好的方式，是让她拥有安排、控制自己的权力和能力。孩子不是我们的提线木偶，是一个独立的个体，给她一个自信完整的人格，从相信他们做起。

难舍

大三班潘婧怡家长

上周五，参加了可能是婧婧幼儿园生活的最后一次家长会。有别于之前的家长会，这次让人很伤感，因为我们真实地感受到孩子在幼儿园的时间只剩下七十多天了。

重温幼儿园自拍视频《天使不哭》时，我流泪了；全部家长围成圆圈，闭上眼睛在音乐《感恩的心》伴奏下，听着匡老师深情的回顾，我的眼泪又一次掉下来。不是煽情，有的只是真情流露。三年前，我把一个只会哭哭啼啼的小女孩送进幼儿园，三年后老师给了我一个身心健康、大方可爱、自理能力很强的小姑娘。因为感激，所以流泪。老师们精心准备的蓝丝带，让我们大人也懂得感恩：感谢那些为我们的孩子默默付出的家长，是他们做了很多义务工作，让我们的孩子沐浴在爱的海洋中。将蓝丝带送出之时，相信每个人的心中都充满感恩。还有就是讨论《"输"在起跑线上的哈佛男孩》。说真的，我开始是当完成任务去看这本书，但看着看着，发现书中有很多值得我们去反思的地方。孩子的成功除了自身条件外，家长的影响也很重要。一个成功的孩子究竟是怎么样的？看完这书本我们肯定是有所收获的。真的很感谢匡老师的良苦用心，家长会的每个环节都凝聚了老师的心血，都能让我们得到启发。

还有几个月，孩子们将离开不是妈妈胜似妈妈的老师们，迈入人生的另一个阶段。这次的家长会已经让大人有离别之痛，不敢想象到了真正要分别的那一天会是怎样的伤感不舍。此刻，我已情不自禁地开始怀念家长会，对我来说这是一个极好的学习平台，而这样一个学习平台很快就要失去，自然万般不舍。

家长会后感想
大三班陈彦希家长

从小班到现在，大大小小的家长会也开了不少。以前总认为家长会是枯燥无味的，也就是老师说一下孩子在园里的情况和班级工作。但从小班第一次参加家长会起，完全颠覆了我之前的观念，让我变得期盼、热衷于参加家长会，因为每次总能让我这位还处在"亲子班"水平级的妈妈明显成长。

每次老师们总会精心挑选一些很有教育意义、很让人动情的PPT故事，让大家在掉眼泪的同时深受感触、得到启发。每一次分组讨论，大家畅所欲言，总能从别的家长处听到不同的育儿理念和方法，增长不少知识。老师们总会及时地告诉大家不同年龄阶段孩子的个性和特点，让我们知道如何适应孩子，不再像无头苍蝇般找不着北。家长会上老师们还绘声绘色地与我们分享孩子们的一些童趣，让我们身临其境般地了解到孩子们在园里的故事。还有，每个学期初老师们还会为我们准备一份花费她们无数心血、精心制作而成的礼物——《采帧集》，孩子们的每一张照片都配上"萌语"，让每个家长看得爱不释手。

不教条、高要求、传知识、答疑问、形式新颖、内容丰富、这样的家长会我们喜欢。

别开生面的家长会

小三班王奎霖家长

2013年9月26日

19:00 幼儿园二楼小剧场,人头攒动,老师和家长的热情在这里被点燃。

22:35 大部分家长离开了幼儿园,小三班的灯依然亮着,老师与家委会的家长还在继续讨论。

22:50 天空下起了小雨,我已顺利到家,老师和家委会的家长是否也已顺利回家?

说实话,圆圆自两岁三个月就开始上幼儿园,园龄有16个月。从进入幼儿园开始,发生了太多让我这个十分有经验的妈妈惊讶的事:

第一次看到这么多优秀而有责任感的老师;第一次收到那么多的短信,提醒家长各种注意事项;第一次带孩子升国旗,唱国歌;第一次在一个信息平台进行交流;第一次看到孩子们在园的精彩视频剪辑;也是第一次参与别开生面的家长会;第一次看到了这么珍贵的《采帧集》……

今天,当我坐在小三班的教室里,再次被震撼了,投影仪在大屏幕上投射出会议进程安排,包括互相认识、游戏环节、分组讨论、故事分享等环节,这哪里像传说中的家长会、记忆中的家长会,分明是企业对员工开展的进修培训。

家长会的形式是互动,全体参与,而不是简单地听老师总结教导,极大地激发了与会家长的热情,讨论热烈而积极。通过这次家长会,我们了解到孩子一天具体的在园生活,了解到下一步需要配合完成什么。作为家长,我们非常感动,家长会上呈现出的点点滴滴都是老师满满的爱和责任心;作为家长,我深感渐愧,原来在家我给了圆圆小朋友一些错误的生活指导,没有坚持让他自己完成力所能及的事、没有足够的耐心等待他独立完成……

第二天早上,我告诉圆圆,在昨晚的家长会上匡老师说了,如果不是自己吃饭,就不用吃了,你可以直接下桌。晚饭前,我又重复了一遍。当时圆圆听了似乎没什么反应,可是把饭端上桌后,他拿着勺子自己开动了。虽然,比起我喂,菜吃得少些,饭也没有全部吃完,但是,这是进步,是独立自主的表现!我真是十分后悔,明明孩子可以自己做的事情,为什么我们还要代办?再次感谢老师的及时分享和提醒。

如此正式的家长会,如此全面的家长会,折射着创新——形式多样、丰富多彩、相互学习、共同成长;折射着认真——认真对待每一个孩子,认真履行肩上的责任,认真传递榜样力量;折射着情感——师生间平等的情感,家长与家长间和谐的情感,整个会场也充满着爱。老师们投入如此多精力,完美地诠释着她们把幼儿教育作为一项事业在经营,而非简简单单的一份工作。

《石头汤》的故事让我们明白"众人拾柴火焰高"的道理,我们将全力支持、共同配合,让孩子们健康快乐地成长;我们也知道"赠人玫瑰手有余香",爱的教育应从小开始,从我开始。正如班规的建立引发着家规的建立。

"因为有缘,我们相聚,因为孩子,您身上的担子很重很重。"同时,我们坚信,因为信任,我们将成为一生的朋友。再次感谢老师们的付出!

由衷的感受

大三班丁渤轩家长

1. 希望留住这一刻

为何快乐的时光总是过得飞快?三年,竟如白驹过隙一般,不敢相信这就是最后一次家长会了。仿佛还沉浸在刚接到孩子入园通知书那一刻的欣喜,转眼就要面对离别的感伤。当屏幕上开始播视频《天使不哭》,看到屏幕上牙牙学语、懵懵懂懂的宝宝们,才恍然真的三年了,而我们已收获太多!

很巧合的,家长会后的周末受邀到"青青世界"游玩,车刚驶入景区,儿子便惊呼"我来过这儿",来到售票亭跟前,他又肯定地再次重申"匡老师带我们来过这儿"。我猛然记起,小班的第一次集体活动便是游"青青世界"。那些美好都藏在他的记忆深处。我还记得"独木桥"活动中,小塑料凳子排成小桥,儿子走在上面脚都是抖的,小脸煞白;沙地上的"泰坦尼克号",他怎么都不肯上去,好不容易由妈妈扶上去再慢慢滑下来,我还得在底下接着;在热带雨林里听到恐龙的叫声,儿子吓得大气都不敢出;看到拓展类玩具转身就跑,合唱的时候傻傻愣愣,中餐还要妈妈喂……可眼前的儿子,可以自己去售票亭买票,还能和妈妈讨价还价,把找零变成他的零花钱,因为想在园里买恐龙(他记得园里有恐龙);冲进入口就独自向沙池中高高的、大大的船上爬去,眼睛里瞅着别的孩子的滑行技巧,不一会儿就上下自如、乐在其中;虽然很想去热带雨林,但还是照顾同行人的安排,大家一块先去听"环保打击乐",没有抱怨,耐心等待;进到热带雨林,和妈妈探讨"海象生活在亚马逊河里,为何要叫海象?应该该叫河象。""妈妈,你看这地上的石头是什么?是竹笋嘛,因为边上有大竹子,竹笋怎么这么硬了?""妈妈,快看,小白鼠走迷宫呀,它是如何知道食物和水在那些房子里的呢?""妈妈,快看,蜘蛛网呀。""妈妈,世界上最大的恐龙有多大?它的蛋又有多大?"一对比,感动油然而生。这三年,我觉得孩子真的长大了,不仅收获了勇气、耐心、宽容、友爱,更重要的,他收获了"自我",能正确认识自己,评价自己,并能自我学习,有一双探索世界的眼睛,有一颗感受美的心灵。作为家长,我除了暗自庆幸,更多的是感恩。

2. 性格成就命运,体育精神磨练意志

一开学,匡老师给每个家庭买了一本书名为《"输"在起跑线上的哈佛男孩》的书,我仔细阅读过,家长会时还进行了小组讨论,感触颇多。老人常说"儿孙自有儿孙福",不要给孩子限制太多,他的路要靠他自己走。我想是因为现今的父母太多焦虑、太多关注,反而压制了孩子的成长。哈佛男孩于智博,这个"'输'在起跑线上的哈佛男孩",最终获得哈佛商学院 MBA 学位,就职世界 500 强公司管理层,是被社会认可的优秀人才。他的成长经历多少和我们心目中传统的好孩子有些不一样,甚至他的父母在他的成长过程中都没有给他一个完整的家庭,他的成功之处在哪里?我在阅读过程中也在不断思索:我们期望孩子的未来是什么样的?作为父母,我们到底应该如何引导孩子?

(1) 孩子需要一个自主设立的、能够激发内在动力的目标。

有人说,于智博的成功来自父母提供的平台,送他去美国读书了;如果在国内参加高考,结果未必如此。可是,在美国留学的孩子每年也是数十万计,最后能成就自己的能有几人?有多少"海龟(归)"最后成了"海带(待)",就是因为找不到自己的准确定位。

曾有一个朋友分享过他的痛苦。他自己在海外苦苦打拼,为家庭创造了不错的生活条件,可有一天上大学的儿子和他聊天,说:"爸爸,我不如死了算了!"他很震惊,他儿子说:"我现在住着你买的别墅,出行坐你开的豪车,衣食无忧;可我看到的是,我马上大学毕业,每个月估计也就挣 2 500 元的工资,我不敢想象我能靠自己的力量维持现在的生活水平,甚至我养活自己都困难,你说我是不是死了算了?"我朋友一时无言以对,因为他心目中一直以为学习好、成绩好就行了,他自己就是这么过来的。他儿子也确实做到了,可正是因为学的热门专业,毕业生众多,竞争激烈,猛然面临毕业自主选择,孩子一下不知所措了。其实,在很多人眼里,教育的目的就是上大学,把孩子送进名牌大学就大功告成了。可是生活如同马拉松,学习只是打基础,名校的招牌可能在刚毕业的头一两年找工作时多些优势,很快就会被工作经历所取代。可见一个人若想取得成功,目标需要长远。

孩子眼光有多高,心胸有多宽,路就能走多远。当然于智博提到他的大学选择,甚至包括小时候他父母给他选择的体育兴趣班,都是非常适合自己的;我愈发认识到,个体有差异,不要因为别人的选择而盲目趋同,更重要的是正确认知自己,包括自己的现状和对未来发展的预期。

同时,目标必须是脚踏实地、分阶段去实现的。在实现目标的路途上,会有一些短期目标,比如中考、高考的学校选择和工作后的工作目标,有远大的目标可以增加我们度过坎坷的勇气,着眼于脚下的路让我们的脚步更加坚实。

目标是孩子自己的,不是父母给的。作为父母,我们需要给孩子的是平台,是开阔的视野,让他看到这个世界有多大,他对职业的选择有多宽;同时引导他正确认识自己,发挥自己的长处,尽早建立一个正向的、积极的、属于孩子自己的目标,发挥他的主观能动性,发动他的"小宇宙"。

(2) 孩子需要健康阳光的心态、坚忍不拔的性格、面对挫折的勇气。

经常听到身边人说:"我看孩子闲在那里我就难受","搞点娱乐活动,就觉得有罪恶感,别人家的孩子都在学习上进呢,我家孩子可不能落后了","只有学习才是正经事,学生的任务不就是学习? 其他的都是浪费时间"……想分享一个发生在我老家的真实案例:一个苦孩子,从小帮着家里卖冰棒,卖冰棒的时候就在路灯下写作业,最后考出了省状元。在大学里也是学习突出,靠自己的实力考取了美国的名校。他很聪明,也很努力,他的时间一刻不曾浪费,某种程度上,他还有不错的机遇。可当他走上社会后却屡屡不顺,在工作中过于教条,家庭矛盾激化,最后竟然在海外选择了绝路,令人扼腕。

这则案例不禁让人反思,何谓"优秀",何谓"成功"。是读书时候的学业优异,考取不错的学府? 是能进到顶级的公司,拥有一个稳定的、薪资优厚的工作? 还是可以云游天下、衣食无忧地潇洒生活? 的确,这些都是"优秀"、"成功"的表现,但是否能代表人生的全部? 一个成功的人应该不仅具备创造生活的能力,还要有享受生活的能力,最终获取幸福感,而这源自性格的塑造。

性格教育远重于知识教育,也远难于知识教育。知识的教育可以靠短期培训快速提升,而性格教育需要从孩童开始,既有天生的性格特点影响,还受到后天环境的影响,不可一蹴而就,只能是孩子在自己的生活经验中,在点滴间慢慢总结提升。哈佛男孩于智博正是在小时候的体育活动中获取了积极向上、不畏失败的进取精神;同时在体育竞赛中获得了自信心,培养了自我认同感;在海外生活中培养了冒险精神、创造力和百折不挠的勇气……这些都是成功不可或缺的因素,而这些要素没有一个可以用分数来量化。

作为家长,我得要求自己放下攀比之心,放下对分数的虚荣的渴望,同时磨练自己的心智,对抗自己的性格弱点,给孩子创造一个和谐稳定的生活环境。带他参加户外活动,感受体育锻炼的乐趣,并获得健康的体魄;培养一个艺术类的特长,让他拥有自信和阳光的心态;培养多种兴趣爱好,让他感知生活的多姿多彩……

让孩子快乐、身心健康、对自己有自信、对生活有热情,这才是我们教育的目的和基础。

(3) 每个孩子都是一面镜子,映射出家长和家庭环境的现状和不足。

与其说我们教育孩子,还不如说孩子带领我们成长。我越来越感受到,这个世界没有有问题的孩子,只有有问题的家长。

有一次女儿晓悦妹妹用小手指着畅畅哥哥说:"你竟然敢说我!"我很惊讶,因为女儿呈现的正是我发火时的样子。父母的一言一行,在孩子眼中就是最直接的教育,我们教导孩子要尊重别人,我们自己就要尊重别人,首先要尊重自己身边的人,尊重家庭每个成员对这个家庭的付出。当家庭中存在这样那样的矛盾和问题时,用怎样的态度去解决,就是在塑造孩子将来解决问题的态度。多检讨自己存在的问题并积极改正,这种家庭氛围才能给孩子正能量。当晓悦妹妹看到哥哥摔倒,自己跑去摘来野花,说"哥哥,你很疼吧?给你,你不要哭"时,当看到晓悦妹妹在两人又起争执时,妥协说"我们别吵了,我们和好吧"时,这种正能量就开始循环。

于智博儿时的家庭环境并非幸福美满,但至少父母、祖辈在孩子教育上能形成合力,使得家庭问题没有对孩子造成太大的影响,即使父母分开了,也没有出现彼此的诋毁和伤害。家庭是孩子健康成长的沃土,家庭氛围营造是父母的第一职责。

3. 感恩,永远的朋友

因为孩子,我们结缘;因为孩子,我们相知。

老师们的无私奉献:每天的家园联系本,每期精心设计的家长会,匡老师的家长沙龙,还有大米老师对美术的悉心辅导,西米老师的真诚淳朴,李老师的温婉耐心,尤老师的足球训练……关键是对每个孩子的爱都是那么浓。儿子有一天问我:"妈妈,你说我们幼儿园算不算最好的幼儿园?"自己又马上说:"应该以后还是会有更好的幼儿园,不过我觉得老师是最好的,他们对我们的爱是100%的。"孩子的评价是最真诚的,这就是老师们辛苦付出的最好回报。

还有所有家长的齐心合力,心存大爱,积极为班级创设良好环境,有了好的资源积极贡献,有了好的活动或是主意都与大家积极分享,孩子在这种氛围中怎会没有爱心?

我们在大三班还剩七十多个日子,但我们的三班精神还将继续,永远的三班,永远的朋友。

家长会随感

小三班安安家长

2013年9月26日,我接到幼儿园的通知,去幼儿园参加女儿入园后的第一次家长会。会前以为这只是幼儿园一个例行的、象征性的会议,向家长们通报一下孩子的情况,对家长交代一些注意事项而已。没想到,这次家长会却让我既感动又震撼。为幼儿园能有如此富有爱心、如此敬业的老师而感动,为幼儿园的活动如此具有创意、如此贴心细致而震撼,更为自己的女儿能够成为幼儿园的一名学生而倍感幸运。

家长会一开始,是老师精心制作的,记录着孩子入园一个月来点滴生活的视频《天使不哭》,呈现了孩子们从刚入园的分离焦虑导致的嚎啕大哭,到经过老师们的精心照顾和引导变得喜笑颜开;从孩子们刚入园时的"衣来伸手、饭来张口"逐步学会自己穿衣、自己吃饭等点点滴滴的温暖片段。家长们在观赏中,看到孩子们大哭的镜头既感酸楚又忍俊不禁,看到孩子们天真的笑容则都如释重负;看见老师们忙碌的身影,看见她们对孩子无微不至的照顾、循循善诱的引导,在她们亲切的表情后面是无私的付出与极度的疲倦。

记得匡老师、大米老师、西米老师、婵娟老师一行四人从开学初,每个晚上马不停蹄地一一上门家访。一方面是了解孩子的家庭环境,一方面也是为了让孩子和老师建立初步的信任。老师们顾不上吃晚饭,甚至连水也来不及喝一口,每晚家访到11点才回家。第二天,她们依然精神百倍地投入工作。老师们的周末也奉献给了工作,中秋三天假期,甚至在中秋节的当天,我还接到匡老师和西米老师的电话,让我再交一些孩子的相片用于家长会的PPT。三天里,老师们一直在加班,而匡老师的妈妈此时还在医院呢!

家长们双目满含泪花,还未来得及缓一缓,园长又给家长们上了一堂课,因为时间的原因,内容已经一再压缩,但丰富、专业、精炼、概括的观点,园长深入浅出、切合实际的讲解,让我受益匪浅。第二天赶紧订购《3-6岁儿童学习与发展指南》,决心好好补课。

再接下来是班级家长会议,这个班会又给了我许多的惊喜!一开始,每位家长就拿到了2张"家园联系卡",全班家长被分成了草莓、苹果、荔枝、香蕉四个组。然后是家长简短的自我介绍,使家长们在短暂的时间里逐渐熟悉起来,这简短的自我介绍也让我看到家长们真是"藏龙卧虎",无比强大,和这么优秀的家长们在一起,彼此学习,自己也能更好地成长。接着是分组讨论,根据孩子目前现状,每组就一个话题展开讨论并各组汇报交流。依稀记得四组的话题是:①孩子被别的孩子打了或打了别的孩子,你会有什么样的感受?打人的孩子在家长陪同下登门道歉的过程能收获什么?②孩子在幼儿园和家里的表现不一样应该如何处理?③由老人和保姆带的孩子要注意哪些问题?避免哪些情况?④如何对待孩子自己穿脱衣服、吃饭?避免什么?当时讨论的情形可真热闹啊,在同一组也经常能听到家长们对同一个问题不同的声音,家长们不仅从各组代表的汇报交流中相互学习,更聆听到匡老师更为专业的点评,让大家茅塞顿开。最后是家委会成员一分钟表态发言。整个班会的气氛既热烈又和谐,既新鲜又务实。一直到晚上11:30,家委会的家长们才依依不舍地离开幼儿园。

回到家,我的心情依然久久不能平静,虽然早就听闻这所幼儿园的盛名,女儿在幼儿园一个月来的进步也清晰可见:入园第一天就学会了从下铺爬到上铺,第二天还学会了自己脱衣服,而这些都是我教过但没教会的生活技能。老师的敬业和专业让我们心生敬畏之情。我扪心自问,如果我在她们的岗位上,能否年复一年地对孩子始终保持如此爱心和耐心,能否始终对自己的工作如此兢兢业业、与时俱进?我真的不能确定。只能说,有幸我的女儿能够遇到如此好的老师,引导她度过人生无比重要的三年;我有幸能成为幼儿园家庭中的一员,从老师和其他家长那里得到如此多的教益,使自己与女儿共同成长。同时,我们家长也一定会尽自己的责任与能力,以父母的爱心和耐心,给孩子能感受、能接受的爱,使孩子健康、幸福地成长。

与孩子共成长，同飞翔

小三班蔡禹晨家长

9月26日，我参加了幼儿园的家长会，这也是我为人母以来的第一次家长会。这是一场别开生面的家长会，与我想象中的完全不一样。家长会流程层次清晰、内容丰富、生动活泼，让家长们在活动中受益匪浅。

一开始，我们在小剧场先观看了《天使不哭》纪实录像，记录了孩子们上学一个月来的巨大变化，从哭闹拒绝入园到开心地享受幼儿园的生活，我们看到了老师们的爱心、耐心与用心。我们的孩子能在如此充满爱的环境中生活，一定能健康地茁壮成长。在分班召开的家长会议中，欣赏了短片《石头汤》。通过老师们的讲解，家长们对老师们的辛苦感同身受，充分理解这充满爱的幼儿园需要我们大家共同维护。所谓"前人种树，后人乘凉"，幼儿园是在园长、老师们及历届家长们共同努力下建设起来的，我们在享受这些福利的同时，也应该考虑给孩子们带来更美好的幼儿园生活，创造更好的物质条件，提供更好的精神食粮，让这种家园共建的精神在幼儿园届届相传。

家长会上老师总结了全班孩子们的进餐习惯、午睡习惯、穿脱衣服等日常生活情况。总的来看，孩子们的自理能力都较弱。我不禁想到，对孩子应该学会放手，给爱自由，孩子才能走得更远。当孩子要上幼儿园的时候，很多妈妈都心生不舍，然而孩子开始长大，要学会自己生活，开始面对各种困难，最终长大成人独立生活。我们都知道老鹰培养小鹰飞翔的故事。鹰巢筑在悬崖边上，当幼鹰长到足够大的时候，老鹰便把巢穴里松软的铺垫全部扔出去。如此一来，小鹰们就会被树枝上的刺扎到，不得不爬到巢穴的边缘。而此时，老鹰就把它们从巢穴的边缘赶出去。当这些幼鹰坠向悬崖谷底时，它们就会拼命地拍打翅膀来阻止自己继续下落。最后，它们的性命保住了，因为它们掌握了作为一只老鹰必须具备的最基本的本领——飞翔！走出这一步很困难，但孩子们也要学着摸石头过河，如果爸爸妈妈总是帮孩子们把石头搬开，最后孩子们连怎么搬石头都不会。每个孩子都是一粒种子，大自然已经为他们安排了成长的自然机制。我们家长只需做这粒种子的守望者。当孩子们遇到危险时，我们去把他们引到安全地带。除此之外，我们只能静静地看着孩子们，让他们在广阔的天地里自由驰骋与翱翔，让他们在奔跑中、历练中体验生活百味，品尝酸甜苦辣。所谓人生不可替代，我们不能干扰孩子成长的规律，也不能代替孩子生活一辈子。只有学会放手，孩子才能走得更远、飞得更高。

家长会上通过分组讨论活动，家长们还交流各种育儿经验，并通过老师的讲解，了解三至四岁阶段孩子的很多特性。所谓学无止境，以后一定要与老师、家长们多多交流，了解孩子，读懂孩子。我相信孩子在幼儿园的三年里，我们一定能与孩子共同成长、共同飞翔！

细节决定成败

小三班 yoyo 家长

9月，在这个金色的季节里，很幸运地成为幼儿园小班的一名家长，在这所幼儿园里起步，与孩子一起成长，与老师一起带孩子进入快乐、健康的童年。孩子入园一个月有余，我体会最深刻的一点是，"天下大事必作于细，天下难事必作于易"——幼儿园的成功并非偶然，来自于幼儿园和老师们在一切细节方面追求卓越的不懈努力。

我们家孩子从小性格偏内向，与外界交往不够，在老家上了5个月幼儿园，是全班小朋友中一直哭到最后一个月的那位。每回上幼儿园，小家伙总是需要在路上酝酿半天情绪，总是不喜欢上幼儿园，也不喜欢那幼儿园里的老师。刚带她在现在这所幼儿园报名时，她一听说是幼儿园，就一直哭闹着不肯进去。如何帮助孩子顺利缓解这种分离焦虑，成为我们家人最初也是最担心的问题。幼儿园老师们用第一个细节——家访的成功接触为此打下了良好的基础，也打消了我们的顾虑：老师反复地自我介绍，和小朋友富有经验地互动，迅速拉近了孩子和老师、幼儿园的距离。老师们走后，孩子给我的回答一下子让我们安心不少——"我喜欢新的幼儿园，喜欢新的老师们"。这是第一次孩子告诉我们她喜欢幼儿园和老师。正式入园后，尽管孩子每天仍然会习惯性地哭一下，但每次问她，她都会说喜欢新的幼儿园，喜欢新老师，甚至国庆节期间带她去外地的第一天晚上，她自己主动要求给幼儿园老师们打电话，说想跟她们说节日快乐。这让我们感到无限的惊喜和无限的欢乐。

算上入园前的家长会，9月26日举行的是第二次的家长会了。因为工作的需要，也曾多次经历各种会议的会务工作。然而，第一次家长会的种种细节还是让我眼前一亮。步入园门时，着装统一的老师在大门口鞠躬问好，一下子便令我体味到这里不一般的言传身教的礼貌教育；老师们亮相时，别出心裁而又生动活泼的动作设计迅速带领大家进入了这个开心的大家庭；幼儿教育心理专家关于分离焦虑症和幼儿教育的精彩课堂，也让深感面对很多家庭教育问题的家长频频点头称是，体会颇深。

9月26日，举行了入园以来的第一次正式家长会，有了再一次体验幼儿园家长会的机会。《天使不哭》中每一个孩子的镜头都是成长历程中弥足珍贵的回忆，也是我们这些为人父母最期望看到的。此后的家长会互动，选取了四个议题分组讨论，其中如何与老人共同做好孩子的教育问题是我一直在思考和努力的现实问题，可见老师们在选题上的用心；家长们简短的自我介绍迅速拉近了彼此的距离。《石头汤》的故事寓意深刻，言简意赅，阐述了幼儿园的理念，也得到了家长们的认同。

细微之处见功夫，细微之处见惊喜。不仅仅是家访和家长会，这种感受无处不在。比如入学前每个孩子的姓名条，比如每天入园门时的礼貌教育，比如开学典礼上家长们的精彩演出，比如要求每个孩子自己背书包，比如以家长助教方式进行的全开放式教育，比如助教期间亲眼见到老师们如何应对孩子们的入学焦虑等，这些都带给我们这些家长全新的体验和对幼儿园教育理念、对幼儿园教师的更加深入的了解和更加深层的信任。孩子的成长点点滴滴都来自于老师们的付出和努力。慢慢地，我们看到了孩子在一点点变化和进步：慢慢开始学会自己穿脱衣服，慢慢开始融入集体……从我们感受到的幼儿园里的教育理念和各种细节，我们相信孩子会逐渐成长为一个懂事、有礼貌、学会与人相处、懂得关心他人的孩子。这也是我们期望给她的人生第一个阶段的最好礼物。

借此机会，衷心地感谢匡老师，感谢大米老师，感谢西米老师，感谢李老师，感谢为孩子们的成长辛勤付出的所有幼儿园老师们，感谢所有幼儿园工作和服务的后勤人员！向你们致以家长最诚挚的敬意！

争取做个好妈妈
小三班汪子渝家长

9月26日晚上三个半小时的会议，在严谨、细致的氛围中，在前沿、先进的教育理念中度过。纠正了我的育儿过程中过于急躁的心态，明白要爱心加耐心，以放下、放手、放心、鼓励自主的心态面对未来孩子教育中的问题，"十一"国庆长假后，我进入班级做家长助教，感触就更多了。

- 每天按计划流程协助孩子们把简单的事情独立完成。匡老师的团队事无巨细地为孩子调整情绪及行为,让孩子有序、独立地做到可以自己照顾自己。
- 老师们带孩子体验游戏,孩子在团队合作中完成游戏,讲故事时踊跃积极,表达时具有想象力。
- 匡老师团队为孩子付出太多的爱,孩子们可以互相友爱相处,也有老师的陪伴关爱。

我们家长也要投入美好感情,才不会辜负老师们的心血,例如:
- 鼓励孩子约同学一起去书城读书、游泳、打球。家长和孩子建立共同兴趣爱好,分享快乐。
- 身体力行地去做公益类的活动,组织孩子去献出爱心,捐衣物和玩具给需要帮助的人。

我今年的目标是努力成为一位合格的妈妈,争取做个好妈妈!

今天放手是为了明天更好地飞翔
小三班叶淇铭家长

9月26日晚,作为一名幼儿园新生家长,我参加了本学期的小班年级组家长会。随着短片《天使不哭》的开场,家长会正式拉开序幕。整场家长会,我最深的体会是:今天放手是为了明天更好地飞翔!下面就谈谈我的感受吧:

1. 如今的孩子大多都不缺乏爱,恰恰相反是因为爱而被过度关注

我们这一群70后、80后的新生代家长,由于大多都接受过高等教育,加上社会的进步发展、现代育儿观念甚至是西方的育儿理念的影响,比起我们的父辈,我们会用更多的时间和精力来关爱自己的孩子。且因独生子女政策,注定很多家庭的宝宝一出生就会成为家庭的中心,往往是父母、爷爷奶奶、外公外婆情不自禁地围着孩子转。缘于"隔代亲",父辈、祖辈从小就对孩子的照顾无微不至:渴了就递水、累了就抱着、饿了就喂好吃的、冷了就及时把衣服给穿上……孩子无时无刻不在大人们的关注下成长,一切被包办,一切被安排好。我们自认为这是爱他的表现。今天的家长会警醒了我们,其实我们这是在剥夺了他们自我成长的权利和能力。

说说我自己吧,我与老公结婚十年仍未怀孕,对于家庭观念相对比较传统的家庭来说,是多么的焦虑不安啊!公公婆婆就更不用说了。好不容易终于怀上孩子了,家人一致决定让我辞职在家全心全意地养胎,等到孩子呱呱落地时,一家人的喜悦之情无法用言语来表达。于是乎,担心外人照顾不周,怕别人不太懂得幼儿教育,我就顺理成章地成了一名全职妈妈。即使在这个以父母教育为主导的普通家庭里,我儿子铭铭还是未能避免被过度关注。虽然我也时常会去看育儿方面的书,跟别的家长交流。但是,作为父母,有时候很容易在实际生活中忍不住地替孩子包办了一些事情,比如穿脱衣服。铭铭在上幼儿园之前,一直都是大人帮他穿衣服的,主要是担心他太小动作不利索,自己穿会很慢容易着凉感冒,虽然我也知道这样不好,但觉得帮一下他实在是比较方便省事。在家长会上,与家长们交换观点后才懂得,原来班上还有很多小朋友与铭铭一样不会自己穿衣、吃饭、上厕所等。可见过度关注的情况真是普遍存在的。是我们这些大人剥夺了孩子自理的能力,使得孩子事事都得依赖成人,不愿意、甚至是不敢自己去尝试解决。匡老师给我们看视频,我们才知道孩子还因为畏惧自己做这些事情闹情绪不愿上幼儿园。难道,我们不是在给孩子成长路上设置障碍物吗?

2. 防守是为了明天更好地飞翔

那么接下来我们该怎么做呢?继续事无巨细地照顾,还是尝试放手让孩子试着去学习、去探索,哪怕过程会有些困难。

刚开学的第一周,铭铭情绪焦虑,每天早上磨磨唧唧,不愿去幼儿园。于是,我基本都是帮他直接穿上衣服送去园里。开学两周后,某天放学回家,由于临时接听了个电话,便放下准备给他替换的衣服,等讲完电话时,惊讶地发现小家伙已经把上衣的领子拉上来蒙住头,然后再往前扯,头就出来了,边穿边说:"遮住小脑袋,然后拔萝卜"、"要先找大洞洞,再找小洞洞"……原来在幼儿园里,老师已详细地、不厌其烦地教小朋友们如何正确、方便地穿脱衣服、叠衣服,并要求他们以后都要自己更换衣服。想不到小家伙记住了,也学会了。当然这中间的过程是有些慢,不太顺利,如领子小了难以套进去,袖子找不到等。这时,我们大人只需要在旁边耐心地等待,甚至是稍微提醒、帮助一下,那么他们最终都会顺利完成。其实,孩子比我们想象中的要棒,需要改变的真的是我们,要相信孩子,给予他们足够的耐心,放手让他们去尝试,他们也会从中感受到"原来我能行"的自我价值实现感!

我所说的放手,不是什么都不管,甚至推给其他人,推给幼儿园,而是把本该属于孩子自主的事情慢慢交给孩子自己处理,我们家长只需要从旁稍微教导、协助、鼓励,这个过程会很慢,甚至需要我们反复多次地帮他们练习。但没关系,我们就耐心地、慢慢地等着他学会。过度保护或控制孩子,只会挫伤他们的自主性,削弱他们的自主能力。放手,那是为了明天更好地飞翔!

在家长会期间,还听了很多匡老师关于小朋友们各种言行(如与他人分享、小朋友之间有摩擦了等)的分析点评,并给出了有效的建议。让我这做家长的感到非常有用。匡老师不愧是一名从教二十多年的优秀教师,我心里充满了敬佩!以后一定会多争取机会在班上做助教,借此观察、学习老师们是如何和孩子互动的。

一起学习,一起成长

小三班赖廷烨家长

参加完家长会,在如何通过"持之以恒"的日常行为去引导孩子形成良好习惯方面,我们感触良多。也发现,作为家长我们不懂孩子,不知如何与孩子更好地沟通,同时也缺乏耐性。通过家长会上老师和我们分享的游戏和故事,我们再次发现,在与孩子相处时,所使用方法的不足,让我们能及时纠正错误的教育模式,并能更有效地在日常生活中与孩子们沟通,让孩子们能更好地接受我们的引导。

以前只是听闻这所幼儿园教育理念是如何先进、如何好,但经过这段时间与老师的相处,才切身体会到幼儿园教育理念先进之处。从进大门开始就有家的感觉,这种感觉很温暖,但又有一种让进园的每一个人自觉地融入文化的无形力量。在这近一个月的时间里,孩子进步显著,尤其是在自理能力、语言表达、关心他人、礼貌待人、收拾物品等方面,所取得的点滴进步都是老师们细心培养的结果。老师们不但要照顾、培养孩子,还要通过家长会来向家长们传递先进儿童观和育儿知识。作为这所幼儿园的孩子是幸福的,不仅有父母的疼爱,还有尽心负责的老师无微不至的关爱和教导。在这里由衷地向各位老师们说声:"谢谢你们,你们辛苦了!"

我们愿意与孩子一起,在幼儿园这个大家庭里,一起学习,一起成长。

期待小雏鹰展翅飞翔

小三班葛彦淇家长

2013年的9月,夹杂着孩子的兴奋、家长的期待,我家的淇淇和其他小朋友一样,在幼儿园开始了新的里程!从跨进幼儿园的第一步起,意味着她的成长开始了!

第一次作为学生家长参加了幼儿园组织的新生家长会,非常激动。无论是会议的场地布置、流程安排,还是会议内容,无不渗透着老师们的辛勤的汗水和浓浓的爱!整场会议气氛热烈,从开场视频里看到孩子们从入园时的恐惧、孤独和无助,到后来的自信、快乐、成长,深深感受到了孩子们在老师的细心呵护下迅速成长。

随后,全年级的家长各自回到自己的班级,召开了班级家长会议。班主任匡老师的精彩主持让此次会议高潮迭起。匡老师观点独到,深入浅出地指出了家长们在平时教育中的误区。老师还针对孩子的特点和家长在孩子成长中的疑惑给出了专业的解答和建议,博得阵阵热烈掌声,让我们在短短的时间里收获良多!

幼儿园能够在孩子刚上学的时间里,在繁忙的教学外,开展这次活动可谓是用心良苦,让我们深深感受到只有家园携手,共促发展,才能为孩子创造更加美好、更加灿烂的明天。以下是会后的一点肤浅体会:

1. **家园合力,才能共同培养好孩子**

现在的孩子大多是独生子女,在家里难免得到过多地关注和宠爱。幼儿园的学习环境和家庭环境有着天壤之别,存在教育理念的冲突。所以,家长和老师就承担了桥梁作用,只有家长和老师充分沟通,共同探讨孩子的教育问题,达成共识,才能全方位地帮助孩子成长。作为家长,我乐意为幼儿园分忧,一定会全力配合幼儿园的工作,为孩子创造良好的生活环境。

2. **培养良好的习惯,家长是孩子的榜样**

习惯是人的思维定势,是一种潜移默化的力量。正如智者所言:成功是一种习惯,失败也是一种习惯。而父母的一言一行都在影响着孩子。父母是孩子最好的老师,也可以成为最坏的榜样。父母的言传身教对孩子性格和习惯的形成的影响持续终身。因此,我们首先要改善自己的行为,发起正能量行为;其次就是应该跟随幼儿园的步伐,携手共进。

3. **理解、尊重孩子的选择,信任孩子,与孩子平等相处**

园长曾说,这所幼儿园里的老师都是蹲下来和孩子对话,让孩子充分感受到尊重。因此也需要家长站在孩子的角度去思考对孩子的要求,充分尊重孩子的选择。同时,这也有助于培养孩子的自信心和自主能力,使孩子更信任家长。

第一次的家长会在期待中开始,在收获中结束。我相信,这群孩子在老师们的细心教导下,在小三班这个大家庭里一定会茁壮成长,一只只小雏鹰一定会展翅翱翔!

一流的教育团队　独具一格的培育理念
——首次参加幼儿园小班家长会有感

小二班吴欣怡家长

9月26日,尽管工作头绪繁杂,但始终记得匡老师在一个月前发下的开家长会的通知。首次家长会在这天晚上七点召开。我爱人带领着53个小学生,虽已声音嘶哑,仍然提醒我下午早点回来,不要误了家长会。下班后,爱人急急忙忙去了幼儿园,我带宝宝随后赶到,听了园长的讲座,参与了匡老师主持的家长会。在感叹幼儿园得天独厚的硬件环境、一流的高素质幼教团队之余,对幼儿园独树一帜、别具特色的培育理念有了初步认识,对小三班的各位老师满怀信心,对孩子在这个集体里健康、快乐成长充满信心!

教师素质高,精神面貌好,责任心强。从宝宝进园开始,我也在细心观察。进入园区,教师端庄大方、彬彬有礼,言谈举止,"师范"十足,让人印象深刻。小三班的匡老师作为全省唯一在一线幼教岗位教学、具有中教高级职称的广东省特级教师,总是目光坚定,神采飞扬,她对孩子们的关爱之情溢于言表;沈老师热情大方,认真负责;西米老师腼腆耐心,尽职敬业;婵老师精心细致,无微不至。四位老师的完美组合,让孩子们沐浴关爱,幸福快乐!

教育理念新,管理成熟规范。"培养孩子,培训家长",这是园长讲座中最令我有所触动的一个观点。家长是孩子的榜样,孩子、家长共同成长,确实值得推崇。匡老师倡导培养孩子的独立意识,"自己的事情自己做"。短短的十几天,在宝宝的身上已经发生变化,书包自己背,手自己洗,这也成为家长见面谈论的一个热点话题。"有尊严的服务"给人耳目一新的感觉,也是一个郑重的承诺。从教多年,桃李满园,成熟的教育理念,高水平的管理服务,家长们对幼儿园寄予厚望。

家园互动畅顺、活跃。小三班家长会气氛好,互动热烈,在两个轻松互动的游戏中,匡老师传授了正确认识、评估幼儿教育效果的方法。游戏"看到的一定是真实的吗",让我们深刻体会到"断章取义"、"演绎事实"都是分散老师精力最愚蠢的做法。

作为宝宝刚上小班的家长,对幼儿园、对老师的认识往往是粗浅的,但从孩子的身上能够感受到到老师们的辛勤付出,感受到孩子对老师的真情实感。每一位家长都会全力支持幼儿园的工作,学习新的教育理念,配合老师共同教育好孩子。欣欣宝宝放学后见到我们,每天都会炫耀在园被老师表扬的事,表达对某某老师、小朋友或某一活动的喜欢。

相信小三班一定是很棒的,孩子们一定会在快乐中健康成长。

幸福的一员
小三班刁梓卉家长

一直坚持用心地陪伴孩子长大,由她呱呱落地的那一刻起,经历着她的第一次翻身,看她冒出第一颗乳牙,听她喊出第一声"妈妈"……现在,宝贝要进入独立的集体生活了,我当然不能错过她的第一个家长会。

回想自己印象中的家长会,都是听台上老师讲着沉闷的汇报,之后就个别单独地找老师交流;而我这次参加的家长会,是互动性极高、生动有趣、历时3个半小时的会议,感动的瞬间一波接一波,让我心里充满了无限的感恩和感激。

晚上7点还没到,很多家长就已经在小剧场里坐好,等待着视频《天使不哭》的播放。影片一开头,哇哇的哭声,还有那一张张哭泣的小脸,使在场所有家长的心都纠结起来。镜头中各班老师无不左抱右拉地哄着哭泣的孩子们,跟他们耐心地讲着和父母只是暂时分离的道理,还有看到园长和其他行政老师也一起过来帮忙,安慰着小朋友,那场面真的是无比的热闹。在哭泣的脸庞中,我看到了一颗疑惑的小脑袋,她正在坚强地信守着跟妈妈的承诺:"我上学不哭!"相比其他一直在哭泣的小朋友,我家宝贝在影片里一直绽放着灿烂的笑容,看到她正享受着幼儿园的生活,体验着幼儿园的快乐,我感到放心了,也为宝贝的坚强感到很骄傲!

影片播放完后,园长给我们介绍了小班幼儿园一天的基本生活,然后我们就回到了各自的班级进行第二部分的班级会议了。

一走进小三班的教室,立刻就被那一棵红彤彤的爱心树吸引,树上的那些爱心正是我们家长自己亲手制作的。在家长们各自作了自我介绍以后,我了解到班里很多的家长都公务繁忙、日理万机,但为了响应老师说要亲手制作布置会场的装饰时,大家都放下了手上的工作,发挥着各自的创造力做出温馨的作品。这种凝聚力互相感染着,让大家都齐心协力地为班级贡献自己的力量。除此以外,我们还了解到班级里已经有家长默默地为幼儿园捐助了一些所需物品,大的如孩子们午睡的小床和床上用品,小的如玩具、清洁用品等,看着他们正在用自己的行动来回馈幼儿园,我很佩服,也会好好地向他们学习。

班级会议设了几个环节,有家长的自我介绍、互动游戏、石头汤的故事,还有分组对4个非常容易碰到的问题进行讨论。虽然讨论的时间十分有限,但每个家长都分享了各自的意见,让我感受较深就是:接纳孩子、培养孩子的独立性并与幼儿保持同步。

现在的孩子在家里都是宝贝,去到幼儿园突然面对群体生活,小朋友之间闹点小矛盾甚至产生肢体上的冲突也是在所难免的,我们家长面对这种情况应该给予充分的接纳,接纳孩子的情绪,了解产生这种情绪的原因,帮助孩子正确面对这种情绪并解决由这种情绪带来的问题。家长就好比孩子的避风港,无论孩子在大海上遇到了什么风浪,只要回到避风港就能找到安全感,用心倾听孩子、了解孩子、接纳孩子。这道理虽然说起来容易,但要真正做起来并不简单,耐心正是我自己所欠缺的,我已将这列为自己接下来要学习的长期课题,学会接纳孩子,正确地引导孩子,希望将来能成为孩子的灯塔。

说到"容易生病的宝宝",我们家宝贝就是其中一个。刚开学不久就病倒了一次。在会上听到老师解释为何不着急为孩子垫汗巾以及日本家长的例子以后,我开始顿悟了。为何幼儿园要进行耐寒训练,并相应设计了《穿衣指数指南》,这都是为了让孩子更好地适应外部环境、增强自身的抵抗力,了解到幼儿园的良苦用意,我们要跟幼儿园保持相同的步伐,才能让孩子的抵抗力逐渐增强。

于是回家后就立刻跟老人们讲了这些道理,在得到他们的理解后一起让孩子更健康地成长。同样的,园里现在已经开始锻炼孩子的自理能力了。"自己的事情自己做"这是宝宝在家常常说的口头禅。看到宝贝回到家里抢着表演自己脱衣服、尝试自己吃饭,每一个小进步都让我们感到激动无比。老师说:"只要为他们创造更好的环境,给他们更大的空间,他们会给我们更多的惊喜。"我们会放手让孩子做他自己该做的事,相比那些早早就教孩子写字,我更乐于看见孩子在幼儿园学习各种生活技能及培养各方面的兴趣,希望不久的将来我们会发现更多的惊喜!

这次家长会是一个别开生面的体验,让我收获很多,与其说送孩子去学习,倒不如说是家长在学习,学习如何成为一个好家长。感谢幼儿园以及老师们的辛勤付出,由开学前的亲子活动到开学以来半个月的一路跟拍记录,还有老师们加班做着家访和各种回访,令我们了解孩子刚开学的在园情况,种种事迹都让我们看到了老师对孩子们那满满的爱。感恩让我们有幸成为幼儿园的一员!

深有触动的家长会

小三班向毅轩家长

9月26日19:00,幼儿园二楼小剧场人头攒动,老师和家长们第三次在这里相聚。《天使不哭》开播了,一幕又一幕的感人镜头扣人心弦,掀起阵阵的欢笑声、感叹声,让每一位家长了解自己的孩子入园以来,他们真的在每一天都取得了有形的进步。

园长再次进行了"一日生活"的精彩分享,对家长如何配合幼儿园老师工作提出了具体的要求。结合个体案例,以点带面,从"健康的身心"到"健全的人格",再到如何培养孩子"独立自主的个性"、"人际交往能力",并分析"家庭教育的误区",为我们更新了现代育儿理念,指明了培养孩子的健康身心和健全人格的方向和道路。

回到小三班,开始了小三班全体家长的第一次聚会。首先四位老师一一作了自我介绍,四位老师个个都是精英中的精英,孩子们能在四位富有爱心、责任心老师的陪伴下度过三年美好的幼儿园时光,作为家长的我感到无比的荣幸与兴奋。

接下来家长们也一一作了介绍,小三班这个集体中家长们也是"藏龙卧虎",各位家长都争先恐后地表示,为了让咱们小三班的每一位宝贝健康快乐地成长,多为小三班付出。蔡蔡爸爸作为家委会主任幽默地表态发言说:"有钱的出钱,没钱的出力……"这三年将会是何等幸福、和谐!

在班主任匡老师的主持下,各组的家长围绕孩子们的成长问题,展开了激烈的讨论,我们"苹果组"的家长针对"孩子被人打了怎么办"等话题,展开富有建设性意见的探讨,在讨论的过程中,家长们各抒己见,表达了自己的看法。匡老师的点评又让我体会到,初为人父的我在培养孩子方面,还有太多太多的东西需要学习。

家长会让我们家长更明确了如何家园配合,让孩子能够更快更好地适应幼儿园的生活,特别是匡老师事无巨细的指导,从如何解决孩子刚入园时的哭闹,到怎样和小朋友们相处,再到不同季节家长应如何给孩子增减衣物,让我们感受到一个幼教工作者的细心和耐心。

进入幼儿园学习,老师的正确引导使得宝宝能够很快适应并融入小班这个新家庭,我们感觉到宝宝无论在园里还是在家里,状态都比以前大有进步。主动和妈妈谈论幼儿园的事情,星期天都说想上幼儿园,因为幼儿园好玩,老师陪伴做游戏。

孩子从入园到现在，时间虽然不长，但我们却看到了孩子的变化和进步，从一个什么都以自我为中心的小调皮，逐渐懂得关心他人、要与同伴友好交往的道理。孩子的一天天变化，我们家长看在眼里、喜在心里，把孩子送进幼儿园的选择是正确的，把孩子交给幼儿园的老师，我们家长放心！